小林吉弥

田中角栄名言集

仕事と人生の極意

GS
幻冬舎新書
679

「人間力」が問われる時代が来る
――まえがきに代えて

いまから約半世紀前になる昭和44（１９６９）年12月、筆者は田中角栄元首相の取材に初めて携わった。時に、田中はのちに政治家人生のなかで「最も脂の乗っていた時期」とも言われた佐藤栄作政権下の自民党幹事長であった。田中50歳、筆者はまだ20代後半で、総合雑誌の出版社を辞し、フリーの立場で週刊誌、月刊誌などに政治、事件を取材、寄稿していた頃である。

その年の12月には、衆院の解散・総選挙があり、自民党は田中が幹事長として陣頭指揮を執っていた。取材をしてみて、驚いた。田中の言行はすべてが迅速にして迫力満点、当時、最高幹部として所属していた佐藤派の議員のみならず、他派議員への資金援助などを含めた的確な選挙戦術も、目を見張るものがあった。結果、その選挙は無所属当選者を追加公認、自民党は結党以来の３００議席の大台に乗せて圧勝、田中の「剛腕」ぶりが与野党問わずで囁かれたものであった。これを機の、以後の長きにわたった田中取材ということであった。

ちなみに、この選挙では小沢一郎ら、その後の政界で第一線を張ることになる多士済々を輩出させたことでも知られている。

なぜ、四半世紀に及んだ田中取材だったのか。一言で言えば、他の政治家取材に比べ、格段に面白かったにほかならなかったということになる。

その後の田中は、ある意味で裏に表に常に政局の中心におり、やがて実力者の名をほしいままにして永田町を席巻していった。政局の折々で、必ずと言っていいほど田中の名前が出、田中取材抜きでは政局分析を読み違うからということもあった。結果、約四半世紀に及び、田中取材にエネルギーを注ぐことができたというわけであった。たとえば、メディアの政治部記者なら2年ほどで担当部署の異動があり、長く田中あるいは田中派議員などへ取材することは難しくなるものだが、自由に動ける立場だったことで、その点では恵まれていたと思っている。

振り返れば、最大１４１人を擁した田中派議員の大半、自民党他派を含めた与野党問わずの国会議員はもとより、都道府県会議員から市会議員、経済人、佐藤昭子、早坂茂三、朝賀昭といった田中事務所の秘書、そしてよく田中を知る多数の元・現役の政治部記者など数えたことはないが、おそらくその取材相手は延べ千人ほどにはなっていたはずである。

なかで、田中のエピソード、秘話を聞くうえで、氏の選挙区〈旧新潟３区〉に網の目のように張り巡らされた最盛期の会員10万人を誇り、名にしおう強大無比の後援会「越山会」の取材ができたのは大きかった。「越山会」は長岡市の田中の会社である越後交通本社内に本部、言うなら〝司令塔〟を置き、昭和40年代から50年代にかけては33郡市すべてに拠点を置いていた。この33郡市「越山会」のほとんどすべての会長、あるいは幹部たちから話を聞きまくった思い出がある。また、田中の都内はもとより新潟での演説、スピーチもメモ帳片手にどれだけ耳を傾けたかは数え切れず、「越山会」取材と合わせ新潟には１００回以上は足を運んでいる。

そうしたなかで知ったのは、田中の政治技術、政治的能力の飛び抜けた高さの一方で、人生を透徹したかのような「名言」の数々であった。

その「名言」は、いっさい借りものがなく、叩き上げの人生から汲み上げた「実学」からの発言というべきものであった。一言一言が説得力を持ち、若かった筆者の胸にもずいぶん突き刺さったものである。ちなみに、世上よく「大物」とされる人物の言葉は常に平易、直截《ちょくせつ》的であると言われるが、田中のそれもまさにその通りであった。

そうした田中には、一方で「人間学博士」との異名があった。その人の本質を一発で見抜く眼力の高さであり、「困ったときの角頼み」という声に代表された独特の発想による知恵の提供が、それを指している。単に資金援助などにとどまらず、田中から発想の知恵を借り、窮地を脱することができた国会議員がどれだけいたことか。筆者は与野党問わずの議員から、そうした話を多く耳にしたものである。

そうしたなかでの、田中の数々の「名言」を集めたのが小書である。なぜ、人は動くのか。人に好かれる機微は、奈辺にあるのか。真のリーダーシップとは、どういうものか。愁眉を開く発想の転換とは、何か。人を育てる極意は何かなど、読者諸賢も必ずやハタと膝を打つような「名言」に出会えるものと思っている。

人材育成という点から言えば、田中派からは竹下登、羽田孜《はたつとむ》、橋本龍太郎、小渕恵三4人の首相を輩出、その他にも田中の謦咳《けいがい》、薫陶を受けて首相になった細川護熙《もりひろ》、麻生太郎もいる。戦後歴代首相のなかで、吉田茂がその門下から池田勇人《はやと》、佐藤栄作、田中角栄3人の首相を輩出したが、田中のそれは吉田を遥かに超える人材育成の名手であったことが知れる。

いま、わが国は「コロナ」を経験して早や3年となる。この間、社会の様相、日本人の心の持ち様まで、すべてが大きく変わってしまったように見える。また、社会のＡＩ（人工知能）化が進むなかで、たとえばビジネス社会での仕事は、人と人との対面交渉から「オンライン」による「テレワーク」で事が済まされている。人と接触、会話をして初めて知ることができるのが、相手の呼吸、微妙な表情である。そういうなかで物事を忖度するという術《すべ》、能力が問われなくなっているということである。

しかし、こうした形はビジネス社会では、あくまで〝便法〟と理解したい。本来、交渉事はそうしたなかで引かば押せ、押さば引けとの、駆け引きのなかで成立するものである。人間関係の機微にもまれずでは、いざという時の〝芸〟が出ないのである。「コロナ」は、遅かれ終息の日が来る。圧倒的多くの人が職場に戻り、人の輪に入らざるを得ない日が必ずやって来る。その日に待ち受けているのは、相手をどう説得するかなどの、「人間力」の不可欠である。ここでの「人間力」とは、人とどう向き合うことができるのかの能力ということになる。

そうした田中角栄が亡くなって、早や30年近くが経つ。首相就任、日中国交正常化からも50年の歳月が過ぎた。すでに、歴史上の人物となっている感のある田中だが、「日本列島改造論」という日本各地の経済格差是正のため、新幹線、道路などのインフラ整備に雄大な構想を掲げた「田中政治」は、今日においてなお敷衍《ふえん》されている。昨今の政治を見ていると、その田中の構想をなぞっているだけのようにしか見えない。構想力、決断と実行力の貧弱さが目につくということである。しかし、その田中にも、毀誉褒貶《きよほうへん》、功罪相半ばする評価はある。ある意味で、政治家の宿命とも言える。読者諸賢は、そうしたなかでの田中の言葉から、なるほどと思うところだけを掬《すく》い取って頂ければいいと思っている。小書が、少しでもお役に立てば幸いということである。

尚、小書は平成29（2017）年8月、セブン&アイ出版から刊行の拙著『決定版田中角栄名語録』（その後、プレジデント社からムック版として刊行）に大幅に項目を加えるなど、加筆、修正を加えたものであることをお断りしておくものである。

また、本文中の敬称はこの項を含めてすべて謝して略させて頂き、参考文献は巻末に明示した。

令和5年1月　　小林吉弥

田中角栄名言集／目次

第二章　人に好かれる極意　73
〈目指せ「人間学博士」編〉
——相手に安心感を与えているかどうか

第三章　リーダーシップの磨き方　119

〈「発想の転換」編〉

――決断の要は「細心にして大胆」

第四章 部下を育てる

〈「人材育成」鉄則編〉

――「叱る」は「怒る」にあらず

第五章　田中角栄もビックリ！　圧巻の「処世名人」列伝　205

DTP　美創
写真　アマナイメージズ
（共同通信社・朝日新聞社・文藝春秋）

第一章　なぜ、人は動くのか

〈凄絶「気配り」編〉

――誠心誠意、全力投球で扉は開く

「ありがとう」「ご苦労さん」の一言、当たり前のことじゃないかね

警視庁麹町署の大きな任務の一つに、首相官邸の警護がある。かつて署員の一人が、こう言っていた。

「麹町署員は歴代の首相を見てきてますが、ダントツ田中角栄さんの人気が一番だった。他の首相は、夕方に官邸を出ていくとき、出入口の署員ボックスに向かって車の中でちょっと手を挙げる仕草はするが、田中さんのは心がこもっていた。わざわざ自分で車の窓を開け、例の片手を上げたポーズで、必ず『ご苦労さん』と声をかけてくれる。『田中さんのためなら、もし何かあったときは自分はいつでも生命を投げ出せる』と言っていた署員は、少なくなかったのです」

田中派担当記者が、のちに「なぜ『ご苦労さん』とまで言うのか」と〝愚問〟をぶ

つけると、田中は「当たり前のことじゃないかね」と、サラリと言ったそうである。

人が動くということは、策術を超えたものがあることを知りたい。

最大の気配りとは、まず相手と全力で向き合うことだ

昭和50年代、北海道選出の渡辺省一という道議出身の自民党代議士がいた。初当選を果たした渡辺は、自民党の各派閥へ挨拶回りに出向いた。その後、渡辺はこう言っていた。

「どこの派閥へ行っても、『おめでとう。頑張ってくれよ』的な激励ばかりでしたが、田中派のみは違っていた。事務所へ行くと田中角栄先生以下幹部がズラリと待っていて、全員がすでに〝渡辺省一調査表〟のコピーをにらんでいる。出てくる質問はすべて的を射たものばかりで、なぜ田中派が強力なのかを見た思いがしたものです」

また、自民党・二階俊博元幹事長の次のような話を聞けば、なるほど田中の誠心誠意は本物ということがよくわかる。

「昭和58年の総選挙で当選してきた自民党一年生代議士の、『五八会』という集まりがあった。集まりの折々に、各派の両袖、幹部の方を招いて懇談していたんだが、会ができて間もなくのころ、田中角栄先生をお呼びしたときは、一味違っていた。私たちは全員が氏名札を胸に付けていたが、田中先生は一人一人回って、出席議員全員34人全部と言葉を交わしてしまったんだ。

自分の派閥の人には『あんたは知っている』とさっと通り過ぎるんだが、その他の人には胸の氏名札を見ながら、『あんたは○○君の息子さんだナ』『君は大変な選挙だったがよく頑張ったッ』『××君と同じ選挙区の出馬か』などと、じつに事前の下調べが行き届いていた。他の先生方は、まあ三、四人と『おめでとう』などと言ってお茶をにごし、握手をするのが関の山だったが、田中先生の場合は手抜きというものがまったくなかった。

あるいは、30年間役所勤めをして退職された方を連れて、その方の今後を相談に田中邸へ伺ったときもそうだった。話が終わったあと、帰りがけに田中先生、玄関先まで送ってこられましてね、その方の肩をたたいてこう言われた。『30年間、本当にお国のためにご苦労さん。ありがとう。二階君、近々、送別会をしてさしあげようや』と。私はその場にいて、なるほど瞬時にして人の心を摑《つか》むとはこういうことかと思った。そして、後日、田中先生は改めてこう言われた。『二階君、人のお世話をするときは徹底的にやってやれ。その人の将来の設計が成り立つように考えてあげろ。ワシが力になれるところは、いくらでもやってやる』と。若かった私は、対人関係で最も大事なのは、結局、誠心誠意なんだと知ったものです」

　田中は若手議員に、よくこう言っていたものだった。

「いいか、何事も相手に対して手を抜くな。誠心誠意、全力投球で向き合うことだ。それが最大の気配りということになる。**真の信頼関係は、そうした中から生まれる**」

相手が敵に回らなければ、それで十分である

田中角栄の秘書にして、「越山会の女王」としてその「金庫番」でもあった佐藤昭《あき》子《こ》は、田中が倒れたあと田中事務所を閉鎖、その後、独立して自らの事務所を開設した。その佐藤から筆者が直接聞いた話である。とくに田中が自民党幹事長の頃、自民党議員のみならず選挙資金に困った野党議員もまた、田中に援助を仰ぎに来ていた。

佐藤は、こう言っていた。

「田中事務所には、時々、隠れるようにして野党議員が顔を出していた。そのなかには、選挙などでの資金援助の要請もありました。そのたびに、田中はホイホイといった感じで出してやっていた。あるとき、私が田中に『どうして野党議員まで助けるんですか』と聞いたら、田中の弁はこうだった。『いいか。ワシは助けてやっても、**彼らが味方になってくれることは期待していない。大事なことはいざというとき敵に回**

らなければ、それで十分なのだ。おまえは政治というものが、まだ分かっておらんな』と」

味方を増やすのもいいが、むしろ敵を減らすことにエネルギーを注ぐことが、どんな組織でも人脈拡大につながるのだと言っている。

参った、参った。予算委員会では君にうまいところを突かれたな

田中角栄が大蔵大臣時代、出張に同行した大蔵省担当記者のこんな証言がある。

「田中は新幹線のグリーン車の同じハコの前方に、社会党代議士が支援者の労働組合幹部と一緒に乗っているのを見つけた。田中は、ツカツカとその代議士に歩み寄った。日の出の勢いと言われていた大蔵大臣の田中だったことから、その代議士は一瞬ビックリした顔をした。ここで、田中の気配りに満ちたこんな『芸』が出た。『参った、参った。予算委員会ではすっかり君にうまいところを突かれたな。（労組幹部らに向かって）彼がもし自民党にいたら、とっくの昔に大臣か党の三役くらいはやっている人物だよ』と言った。

後日、東京に戻ったこの社会党代議士、こ

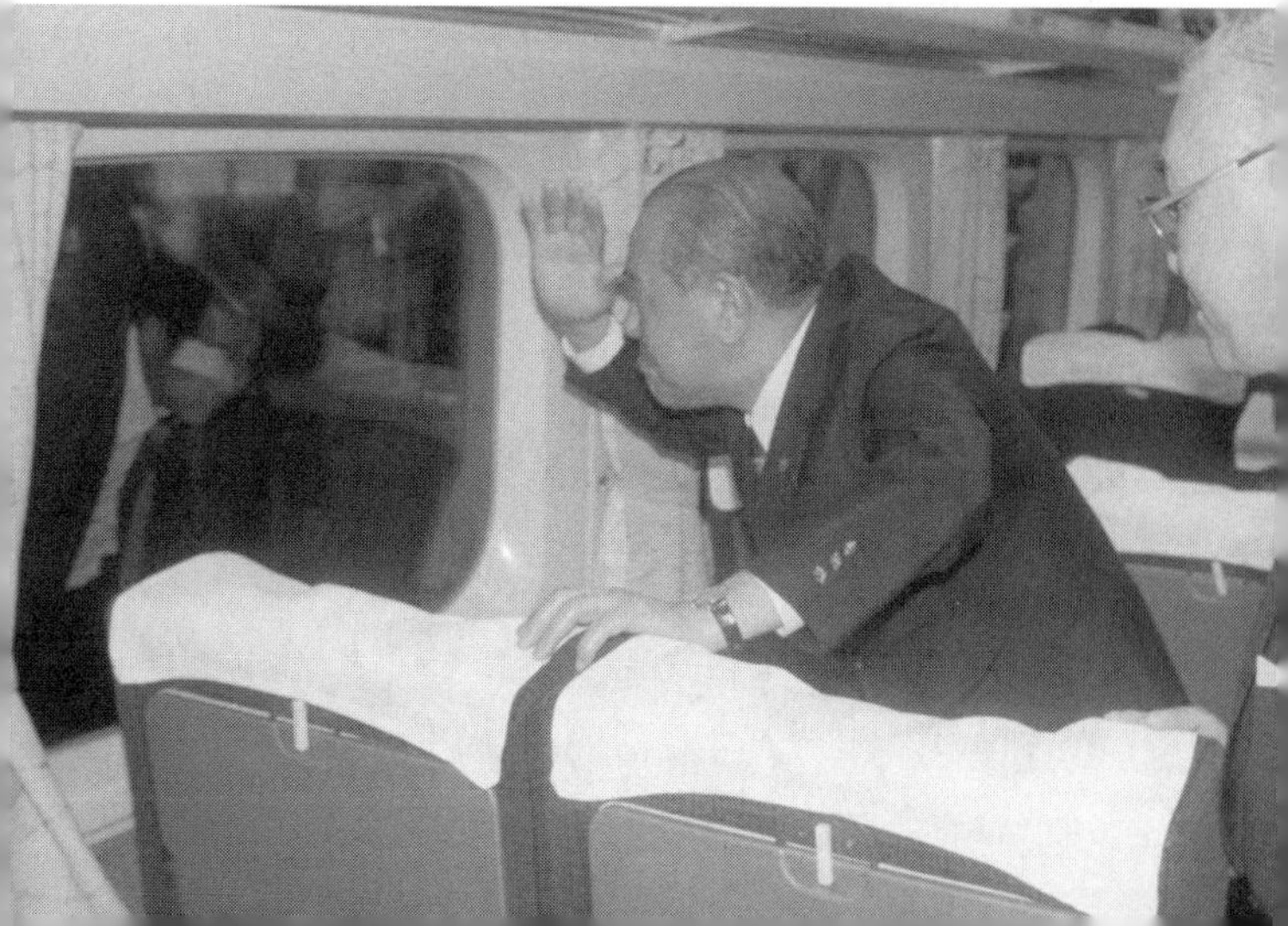

のときの新幹線での田中との話が支援労組内に知れ渡り、『代議士は本当はナカナカの人なんだ』と大いに株を上げることになった。田中が凄いのは、巧まざるしてこのくらいの気配り、すなわち『芸』ができるということです」

人心収攬《しゅうらん》術の極致と言っていいだろう。

処分は心苦しかった。私のところにこないか

田中角栄は39歳で郵政大臣になるや、郵政省職員の組合である全逓信《ていしん》労働組合（「全逓」）内で起こった不祥事に直面した。当時の「全逓」書記長は、日本労働組合総評議会（「総評」）の副議長を経、やがて社会党代議士になる大出俊という人物であった。

大出はいささか頑固ではあったが、筋を通す仕事のできる優秀な男であった。田中は不祥事に関係したこの組合員ともども、大出書記長も責任者として懲戒免職という最も重い処分としたのだった。

処分から数日後、大出のもとに、田中からこう直々の電話が入った。

「君のような男を処分せざるを得なかったのは、誠に心苦しかった。どうだ、私の知ってる会社に入ってくれはせんか」

大出がこれを断ると、次に田中は言った。

「分かった。会社についてはあきらめるが、それでは私のところに来てくれんかね」

なんと、郵政大臣秘書官として来ないかと誘ったのである。ここでの田中は、相手が左翼のバリバリでも人物を見込み、優秀と判断した男を取り込む懐の深さを示したということだった。

大出は結局、筋を通して秘書官の誘いも断わったが、代議士になったあと「自社」両党対決の時代にあるなか、田中とはある種、対決する法案などの〝呼吸合わせ〟に一役買ったものだった。田中には、こうした形での野党議員との関係はまだ多々あった。それが、のちの田中の政治力をより高めていったと言えたのである。

「情けは人のためならず」。大出とのこうした一件も含め、巧み巧まざるの気配りが生きた場面の多かった、田中政治でもあったのだ。

相手に喜んでもらうなら、徹底的にやってやれ

一方で、田中角栄は女性への気配りも抜群だった。

昭和31（１９５６）年、まだ陣笠代議士だった田中は自分の選挙区〈旧新潟３区〉内に中永線という舗装道路を完成させた。その竣工式の当時の予算は60万円だったが、

田中は式そのものの費用を30万円に切り詰めさせ、残った30万円をなんとも〝有効〟に使ってみせたのだった。なんと、その30万円で男もの女もの合わせてすべて和服の反物を買ってしまったのである。道路完成で世話になった建設省の役人と、その奥さんに贈るためであった。当時の竣工式関係者の証言がある。

「田中先生は反物屋に持って来させた中から、『あいつは、これだな。こっちのほうが似合う』など、自分で色柄を選んで決めていた。反物などは、せっかくもらっても似合わなければ有難みも半減する。先生は、なんと事前に役人本人、奥さんの年齢、容姿などを調べ上げていたんだ。先生に聞いた。『先生はこんなことまでやるんですか』と。先生いわく、『当たり前だろう。**相手に喜んでもらうなら、徹底的にやってあげることだ。中途半端な親切は生きない**』と。なるほど、建設省役人の奥さんたちの評判は、上々だったそうだ」

やがて、田中がガソリン税など「道路三法」をはじめ戦後復興の基礎をつくることになる議員立法を次々に成立させる中で、建設省はやがて「田中官庁」とまで言われるようになっていった。田中の卓抜な政治力の一方で、こうしたキメの細かい手法も、田中と建設省役人との連帯感を強めることになる〝一助〟となったと言っていい。60年以上前の話である。いまならいささかの物議をかもすところかも知れない。しかし、こうした〝女性攻略〟への気配りは、どこかで必ず生きると知りたい。侮るなかれである。

一つは奥さんに持って帰ってくれ

〝女性攻略〟の効果について、もう一つ郵政大臣当時の話がある。

郵政大臣就任から一週間後、田中角栄は赤坂の料亭で郵政省担当の記者を集めて大臣就任を機に懇親のための宴会をやった。

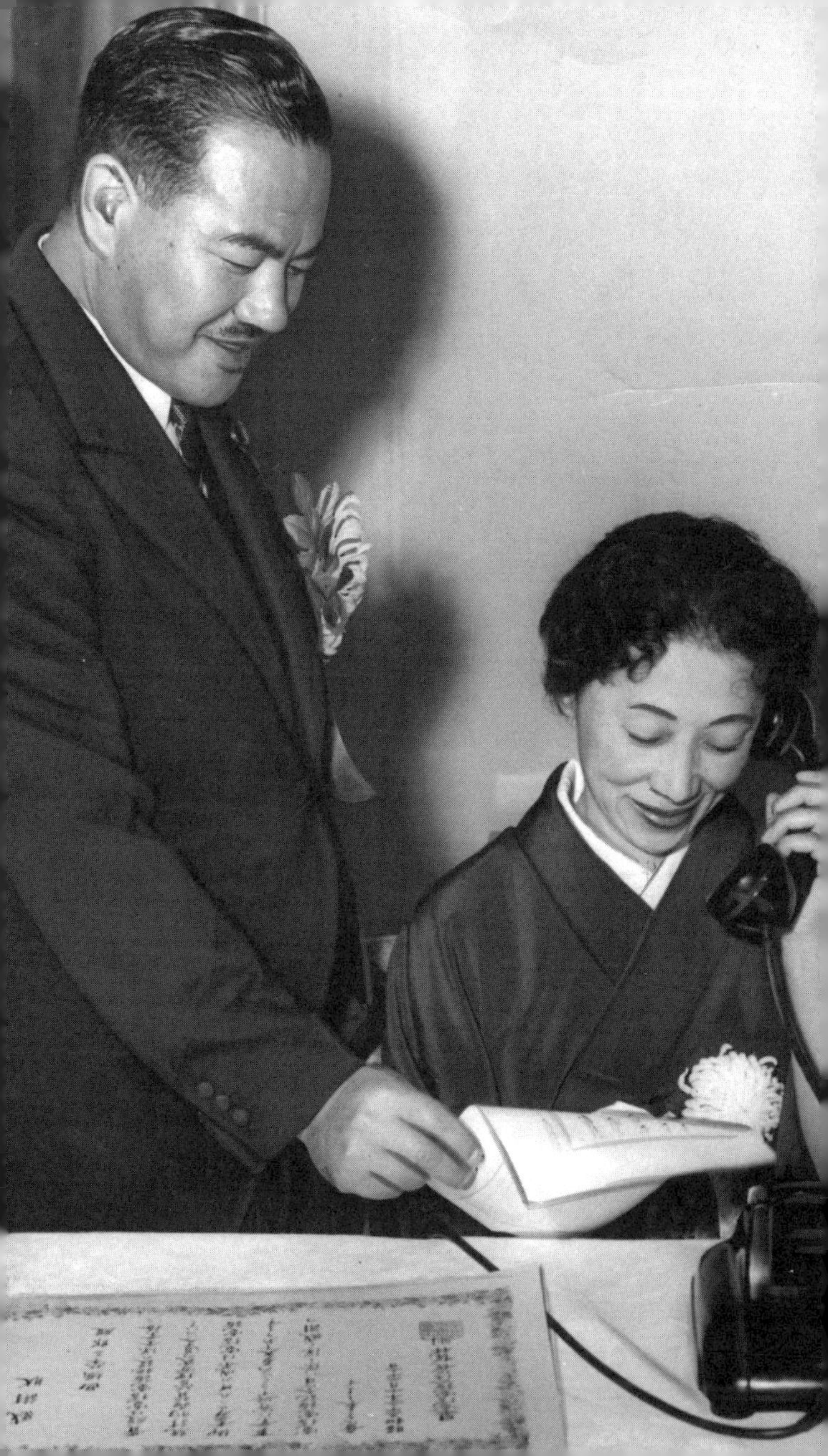

さて、その宴会がハネたあと、記者たちは料亭玄関口でお土産用の包みを渡されたものだった。ところが、どうしたものか一人につき二つずつくれるのである。記者が不思議そうな顔をしていると、玄関口に送りに出た田中が言った。

「一つは奥さんに持って帰ってくれ」

のちに、記者の一人は言っていた。

「当時、こんな心配りのできる若い政治家は皆無だった。その後、出席していた記者の奥さん方の多くは、『気の利いたステキな大臣じゃないの』という声で一致していたのです。記者も心情的に、以後、田中のワル口は書けませんでしたね」

「将を射るには、まず馬を射よ」の名言もある。

奥さん、すまんかったな

一方で、昭和51（１９７６）年8月、ロッキード事件で逮捕、保釈された田中角栄は、まず田中事務所にいる男性秘書の奥さん方へ、電話で〝お詫び〟を入れたそうである。「奥さん、すまんかったな」というものであった。田中の逮捕で、男性秘書の気持ちも揺れている。それ以上に、夫の今後をも案じているのがその奥さんである。

結果、この電話一本で田中事務所の秘書の結束が、むしろ固まったと言われている。

世の中の半分は女性なら、改めて女性への気配り軽んずべからずということだろう。

福田（赳夫）とも仲良くしたい。無用の対立は不要だ

田中角栄という人物には、相手に徹底的に気遣いし、結果として相手を〝虜《とりこ》〟にし

てしまったというエピソードが多々ある。

例えば、田中と福田赳夫《たけお》（のちに首相）は、死力を尽くした熾烈な自民党総裁選「角福戦争」を経ている間柄である。表向きはともかく、両者にはいささかの遺恨、不満を残していて当然である。

大蔵省出身で福田が大蔵大臣時代に主計官として仕え、田中が首相になったときには二階堂進官房長官の秘書官を務めたことで、田中、福田の両者と接点のあった藤井裕久・元財務大臣が、「週刊ポスト」（２０２１年４月16日・23日合併号）でこんな話を披露している。

その藤井は知力、胆力に優れ、「軍師」として第一級の人物として知られていた。田中角栄を「政治の師」と仰ぎ、政界入り後はのちの旧民主党政権を支えることに腐心した経緯がある。

去る令和４（２０２２）年7月10日、安倍晋三元首相が凶弾に倒れた2日後に、90歳で永眠している。

「田中さんが総理に就任したとき、田中さんから『福田さんが来るから、場所をつくれ』との指示があったんです。田中さんとしては、総裁選での対立を引きずらないために、ちゃんと福田さんをお招きしたいということで、私に命じたと思われる。田中さんは『（福田とは）仲良くしとかにゃいかん』と、よく言っていましたからね。で、私が『丸テーブルにしましょうか』と提案すると、田中さんは『それがいいね』とおっしゃった。角のあるテーブルでは、どうしても対決感が出てしまう。結果、いらした福田さんはまず『おめでとう』と言うと、田中さんと握手をされた」（要約）

まさに、藤井への判断は「政治の師」たる田中譲りの気配りと言えたのだった。

こうした田中の気遣いあってか、その後の田中、福田の両人は、福田による田中への経済財政政策への批判はあったものの、少なくとも互いに背を向け合う関係にはならなかった。のちに、田中の経済政策が行き詰まったとき、大蔵大臣に福田を指名、福田もこれを快諾したのもこうした背景があったということである。

部下の人事を大事にせよ。ポイントは「損失補塡」となる

例えば、田中角栄の部下を育てる手法は、手取り足取りで物事を教えるのではなく、イロハは教えるがあとは自分で考えてみろというものであった。どちらかと言えば、親の獅子が谷に子どもを落とし、はい上がらせて子を鍛えたということわざに近かった。

しかし、一方で田中は谷底に落ちたままの子を、放置することはなかった。これには、「田中人事」を長く見てきた政治部記者の、次のような解説がある。

「田中派の中で、同期の議員でもなかなかポストに就けないできた者もいる。それまでの政権の中で、目立たない、あるいは運がなくて後れを取っていたなどの理由からだ。しかし、田中は自分の内閣になったときは、〝滞貨一掃〟、取り残された部下の

『損失補塡』に精を出していた。必ず、それなりのポストを与えていたということだ。

　そうした議員は、地元に帰っても、これで選挙民に顔が立つことになるために、田中派には『オヤジ（田中）さんのためなら火の中にも入るし、鉄砲玉にもなる』といった議員がゴマンといた。これが、最盛期じつに１４１人の大所帯だった田中派が、しばし一枚岩を保てた大きな要因だった。常に、人事に目を光らせていた〝角栄流〟のたまものでもあった」

　ビジネス社会でも、ポストに拘泥しないサムライもいるが、圧倒的多くが人事は生きがいの一つともなっている。自分がある程度、人事に影響を持つポストに就いたら、恵まれない部下の「損失補塡」を、心しておくべきである。

　こうした部下は、いつの日か苦境に立つ自分を支えてくれる立場に立ってくれる。〝報恩〟は必ずあるということである。

人はカネの世話になることが何よりつらい。そこが分かってこそ一人前

田中角栄の抜群な気配りの典型は、カネに関してみることができる。

選挙の季節となると、資金が足らずで田中に「ＳＯＳ」を訴えてくる議員も多い。頼る者がいない野党議員からの〝要請〟もあった。時に、田中は秘書にそうした議員の選挙活動中の地元に、ナニガシかを届けさせた。その際に田中が秘書に申し渡したのが、次の言葉であった。

「いいか。**お前は絶対に『これをあんたにやるんだ』という態度をみせてはならん。あくまで『もらって頂く』との気持ちで姿勢を低くして渡せ。**世の中、人はカネの世

話になることが何よりつらいのだ。相手の気持ちを汲んでやれ。そこが分かってこそ一人前だ」

合わせて、田中は渡したカネのことは一切、口外することがなかった。

ために、田中から資金援助を受けた議員は口を揃えたように言った。

「人に知られてみじめな思いをすることがなかった。角さんからのカネは心の負担がないのだ」

だから、田中のもとには人が集まった。「カネが上手に切れて、初めて一人前」との俚諺《りげん》もある。

私から出ているカネだとは、口が腐っても本人に言ってはならない

田中とカネに関しては、こんな話もある。

戦後間もなくから田中角栄が〈旧新潟3区〉の選挙でシノギを削っていたのが、社会党の三宅正一（のちに衆院副議長）であった。田中と三宅は保守・革新と立場は違っても、ともに新潟の豪雪苦や開発の遅れなどからの脱却に、互いの熱い血をたぎらせてきたものだ。言わば、同じ郷土愛を持った「戦友」でもあり、互いにどこかで心を許し合い、畏敬の念も抱いていたということであった。その三宅は昭和55（1980）年の総選挙で落選、それを機に政界を引退した。

田中の〝凄さ〟が、ここで出た。落選議員は家の子郎党の面倒も見なくてはならずで、生活は厳しいものである。これを見た田中は、なんと三宅のもとに毎月20万円を送り続けたのだった。しかし、絶妙の気配りぶりは、ここからである。

そのあたりの事情を知る人物の証言がある。

「田中は三宅本人には送らず、近い人にこう厳命したうえで送った。『このカネが私から出ているとは、口が腐っても本人に言ってはならない』と。三宅さんのプライドを慮《おもんぱか》ったということだった。結局、このことを三宅さんは亡くなるまで知らないでいたようだ。しかし、人の口に戸は立てられずで、やがてこの話が漏れ、『田中はなかなかの男だ』という声が、三宅さんを中心とした社会党支持者の間に伝わっていった」

こうした気配りは、田中が選挙で一番苦しかったと言われたのちのロッキード選挙で〝報恩〟として返ってくることとなった。田中はこの選挙で「落選もあり得る」とのメディア報道を一蹴、じつに前代未聞の22万票を獲得したのである。「社会党支持

者の票がかなり回った」（新潟の地元記者）との見方があったのだった。

カネは「両刃の剣」。上手に使えば自分の〝栄養〟になるが、ヘタな使い方をすれば人品が卑しくなり、むしろ評判を落とすことになることと知りたい。

これは君たちが必要なときに使えばいい

「ケチに説得力なし」という例である。

各省の大臣には、いわば交際費として自由に裁量できる機密費というものがある。

役所ごとに枠があるが、年間千万単位とされる。大臣の中には自分の政治活動まがいの使い方をする者もいるようだが、気配りにたけた田中角栄は一味違っていた。郵政に始まり大蔵、通産の各大臣時代でも、これにビタ一文自分で手を付けることがなかったそうである。

二人の大蔵省担当記者が言っていた。

「すべて次官以下に任せ、『君たちが必要なときに使え』としていた。官僚たちは喜んだ。自分たちの飲み食いはタダ、しかも上の者は部下にいい顔ができる。まさに、田中大臣サマサマだった」

「そのうえで、身銭も切っていた。次官、局長、課長クラスまで、盆暮れの〝私的ボーナス〟として数十万から百万円を渡していた。海外視察などの出張でも、ポンと白封筒を渡し、よく言っていた。『大いに勉強してくることだ。帰ったら、向こうの話でも聞かせてくれや』と。大蔵官僚を牛耳った側面でもあるが、こうした手法のよし悪しは別にして、部下に対しカネをきれいに使えるかは上司として人を動かす大きな要素になることを知ったものです」

真の雄弁とは、「ああ今日はあんな話を聞けてよかった」と思わせること

田中角栄の演説、スピーチは「角栄節」と呼ばれ、田中人気の背景の一つでもあった。

絶妙の「間」の取り方、比喩、たとえ話をふんだんに織り交ぜて笑いを誘いつつ、突然、トーンを変えて迫力あるダミ声や数字の速射砲を浴びせかけ、現実の厳しさを

突きつけては聴衆の目を醒ます。一方で、時に「情」を盛り込んでしんみりさせ、そこへ突然どでかい「夢」を描いて見せる。そのうえで、結びはビシッと押さえる、まさに緩急自在のそれであった。聞き終わった聴衆の誰もが酔っ払ったように、「今日、来てよかった」と頬を紅潮させる人が多かったのである。

田中自身は、こう豪語していた。

「私の演説、スピーチは田舎のジイサンやバアサン、学生、会社の経営者など、誰が聞いても分かるようにできている。何百人いても、その一人ひとりと対話できるということだ。聴衆の誰とでも〝一体感〟が成立しているから、皆、ああ今日あんな話を聞けてよかった、となるんだ。これが、真の雄弁というものじゃないのかね」

白紙でいい。途中でメモを入れてくれ

リーダーとは、このくらいの「芸」ができるかどうかというエピソードがある。

田中角栄が自民党幹事長時代の、担当記者のこんな証言が残っている。

「田中の演説会があった。例によって、超満員の大盛況。この入り具合を見て、田中がそばにいた自民党本部の幹事長室の職員にこう言った。『いいか、忘れるな。ワシが話を始めて5分たったら、中身は何も書かんでいいから演壇にメモ用紙一枚を手渡しに来てくれ。頼むよ』と。さて、演説会が始まった。早くも爆笑・哄笑がウズ巻くなか、5分したところで職員は約束通り白紙のメモ用紙を演壇の田中のもとに差し出した。このメモを受け取った田中は、聴衆にこう言ったのだった。

『皆さん。いまね、事務局から『次があるので早めに切り上げてくれ』というメモが入った。冗談じゃないねぇ。こんな大勢に来ていただいて、途中で帰れるかだ。そうでしょう、皆さん！』と。これで聴衆は、またわっと湧いた。この程度の演出は、朝メシ前の田中だった」

なるほど、人が付いてくるわけである。

アメリカからの風邪はすぐ治ります！

「田中角栄であります。まぁ、いま（ロッキード事件で）ちょっと評判が悪いが。この問題はすぐ解決するのであります！　アメリカからの風邪は、すぐ治ります。まぁねぇ、自民党の評判もいまいちだが、社会党のように無防備、無抵抗、中立なんて言っていていいのか。皆さんの家に強盗が入ったら、どうする。父ちゃんが壁の方を向いて、無防備、無抵抗、中立だなんて言ってたらどうするッ。家族を守る力がないと、奥さんは（実家に）帰ってしまうわねぇ」（会場、爆笑）

こうした田中角栄の演説、スピーチは、第一声の〝摑み〟で、聞き手の心をワシ摑《づか》みにしてしまうことだった。

「皆さんッ。秘書が今日のスケジュールに、この場のあいさつより○○先生（議員）と会うことを優先したいと言うんだ。バカを言うなだ。こっちが先だと、叱《しか》っておいたのであります！」

会場は本題に入る前ののっけから大爆笑、聞き手の全感覚は田中に向けられ、早くも「一体感」が醸《かも》されるということだったのである。

ジョージ・W・ブッシュが再選された平成16（２００４）年の米大統領選挙では、「サウンド・バイト」という言葉が盛んに使われた。「サウンド・バイト」とは、まさに演説の第一声で聴衆の心を摑んでしまう決めゼリフを指す。言うならば、聴衆への「殺し文句」ということでもある。結果は、ブッシュは対立候補のジョン・ケリーへの支持を上回り、勝利を収めたのだった。

例えば、ビジネス社会でも、こうした「殺し文句」が使えるかどうかで、商売相手に与える印象は天と地ほどに違う。交渉事のキモでもあることを知っておきたい。

君の親父さんはね、こういう男だったよ

一方、田中角栄が二世議員の激励会などに呼ばれ、一席「角栄節」の挨拶を披露する中で、多く切り出したのがその議員の父親の話であった。かつての田中派担当記者の話がある。

「何事にも全力投球、誠心誠意を旨とする角さんは、スピーチをする前にその父親の

ことをすっかり調べ上げ、エピソードなどを頭に叩き込んでおくのが常だった。保利耕輔代議士（父親は故・保利茂元自民党幹事長）などは、『田中先生の話は、息子である自分以上に、親父のことをよく知っていてビックリした』と言っていたくらいだった。

また、こうしたことはスピーチの場だけでなく、若い官僚がやって来たときも同様で、話の前にその父親が官僚だった頃の話をよくやっていた。『君の親父さんはね、こういう男だったんだ』と。懐かしい父親の話を持ち出され、うれしくない人はいない。誰もが角さんに〝身内意識〟みたいなものを感じてしまう、取り込まれてしまうということです。こうした手法は、極めつけの人心収攬の妙と言っていいんじゃないか」

名刺に頼るな。顔を覚えよ

田中角栄は政治の世界に入る前の事業家だった頃、商売相手との信頼関係の醸成に神経を砕いた。そうした中で、誰もがやる名刺の交換などには、さほど重きを置かなかったのが白眉だった。

いまどきのビジネスマンは、初対面の相手と出会うと、自己紹介もそこそこに名刺の交換に入る。相手の顔、風体もろくに見ずにである。ところが、田中は受け取った相手の名刺はそそくさと仕まい込み、まず相手の顔を凝視するのが常だったのだ。

かつて田中派を担当していた記者の話が残っている。

「私が初めて田中派を担当することになったために田中のもとにあいさつに行くと、こちらが差し出した名刺などはろくに見ず、デスクの端のほうへ押しやった。失礼だなと思っていると、こっちの顔をジッと見ながら、矢次ぎ早に三つか四つの質問をしてきて、『そうか。まあ、がんばれ』と言って握手をしてきた。こちらの手が痛くなるほどの力強い握手だった。なるほど、その握手の強さで〝何事も全力投球〟と言われた角さんが理解できたものです。

田中派の担当をはずれた後日、バッタリ会う機会があったが、向こうから『やあ、○○君。元気でやってるか』と声をかけてきたのには驚いた。名刺で名前を覚えるのではなく、顔を覚えることにまず重点を置いたということのようであった。名刺で名前をまず覚えるやり方では、こうした出会いにはならない。一度、見た相手の顔は忘れない。田中の記憶力の凄さによる、人間関係構築の秘訣がよく分かったものです」

初めて会っただけの商売相手と、その後、偶然に出会った場合、こちらから声をかけられれば相手の気持ちもなごむ。信頼関係構築への第一歩となる。そのあたりが無神経では、そうした関係は生まれにくい。商売の成否は、意外とこのあたりの知恵が左右するようである。

人を叱るときはサシでやれ。褒めるときは人前でやることだ

田中角栄が部下の若手議員などを叱るときは、「ちょっと来い」などと人払いをしたあと、事務所の個室に呼びつけてやっていた。逆に、褒めてやるときは「おーい、みんな聞け。コイツはなかなかだよ」と、あえて人前でやることが多かった。

田中の秘書を長く務めた早坂茂三（元政治評論家）は言っていた。

「オヤジ（田中）さんは問題がある議員を呼び出すと、必ず余人を交えずサシで叱った。これで、その議員は失態を他の人に知られずに済む。『助かった』ということだ。オヤジさんへの敬意が、また一段と強くなるということでもあった。しかし、褒めるときは一変、人前でやることで点数をかせがせていた。あのオヤジさんから、皆の前で褒められるのだから、得意にならない議員はいない。ここでは、さらにまた、オヤ

ジさんへの信頼度が高まるということになるワケだ」

二宮尊徳の教訓歌にいわく、

「かわいくば　五つ教えて三つ褒め　二つ叱って良き人とせよ」

とある。時代が変わっても、これが人を育てる大きなポイントになるようである。

冠婚葬祭、重視したいのは葬儀だ

渋谷直蔵という福島県選出の自民党代議士がいた。田中角栄とは、度々、敵対する三木（武夫）派の幹部であった。その渋谷が、こんな話をしてくれたことがあった。

「昭和55年10月、私の家内が亡くなった。密葬を東京で、その後、本葬を私の地元の福島でやった。遺骨を持って福島に帰った私に、地元秘書がこう耳打ちしてきた。『政界では田中角栄先生からの生花が一番早かったです』と。ところが、本葬までに一週間もあったのに、この花がまったく枯れていない。重ねて聞くと、『田中先生のほうから、生花がしおれるといけないからと、途中で新しい花に替えておいて欲しいと、花屋に指示があったようなんです』と言う。それを聞いてビックリした。私は常々、田中派とは距離のある他派の人間です。花などを頂くことは多いが、そこまで気配りをしてくれた人はこれまで一人としていなかった」

後日、渋谷が田中事務所にお礼に行くと、田中は渋谷の肩を抱きながら、「大変だったなぁ」と激励したそうである。渋谷は改めて、こう言っていた。「なんともうれしかった。角さんあっての田中派の団結力の強みをみた思いがした」と。

田中は、常々、言っていた。

「冠婚葬祭、重視したいのは結婚式より葬儀だ。**結婚式で楽しく浮かれているのはあと回しにしておいてもいい。人の悲しいときにこそ、できるだけ心を配ってやって当**

然だ」

三木派の中では、しばしこの渋谷が密かに「親田中」の先頭を走っていたものだった。

名前はフルネームで覚えよ。相手の信頼感が変わってくる

例えば、外で人に会ったとき「山田さん！」と声をかけられるのと、フルネームで「山田一郎さん！」と呼ばれるのでは、親近感を感じるという点では、断然、後者に軍配が上がる。そこまで自分のことを覚えていてくれたのか、と相手の信頼感もグッと変わってくるということである。これは、なかなかの人心収攬術の一つと言ってい

いのである。

田中角栄も、よくこの〝手〟を使った。大蔵大臣時、大蔵省の課長あたりと廊下ですれ違ったりすると、例えば「おっ、佐藤二郎クンじゃないか。元気かッ」とやる。課長とすれば、大臣がフルネームで一課長のオレのことを覚えていてくれたのかと、いささかの感慨とともに改めて田中への親近感を覚えるということである。

しかし、記憶力抜群の田中でもフルネームを忘れることはある。新潟の選挙区で支援者に会ったとき、田中はこんなテクニックで忘れてしまったフルネームを引き出すのだった。

「やあ、しばらくだな。元気か。アンタの名前が出て来ない……」

「渡辺ですよ」

「そんなことは分かっている。ジイサンが村長の頃からの付き合いだからな。バアサンは若い頃、村一番のベッピンだった。下のほうの名前だ」

「三郎です」

「そうだ。思い出した。渡辺三郎さんだった。たしか息子が二人いたな。もう嫁ももらったか」

なんていうことはない。フルネームすべてを忘れてしまっていたのだが、**下の名前だけを忘れたフリをして、まず姓を引き出し、次に聞いているのは名前のほうだよとして、ついにはフルネームを引き出してしまうという凄いテクニックである。**フルネームを確認したあとは、改めて両者の距離感は一気に縮まってしまうということになる。相手にフルネームで呼びかける気配りは、より信頼感を得るという点でなかなかの効果があるようだ。

世の中は「駕籠に乗る人、担ぐ人、そのまた草鞋をつくる人」で成り立つ

料亭での宴会などで、芸者、仲居さんあたりに一番歓迎される客は、明るく、座持ちがうまいということに尽きるようだ。田中角栄がまさにそれ、赤坂、新橋、神楽坂といった花街の料亭関係者の間で語り草になっているのが、その〝サービス精神〟である。こんな話を聞いたことがある。

「どこの料亭でも人気ナンバー1だった角さんの場合は、他の政治家とは気配りがまるで違っていた。苦労人だからでしょうが、お帰りになるときは芸者はもとより、仲

居、板場の人たちから玄関番のジイサンに至るまで、キッチリ心付けの配慮を欠かしたことがない。必ず同行の秘書が、ぶ厚い白封筒を『皆さんに』と一言、女将に渡していた」

田中は自らが叩き上げの人生を送ってきただけに、人の心の痛み、うつろいが手に取るように分かるようであった。一方で、そうした底流には、単に地位などで人を評価はしないという「人間平等主義」があったようである。

ためか、「駕籠《かご》に乗る人、担ぐ人、そのまた草鞋《わらじ》をつくる人」の俚諺が、田中の口癖でもあった。駕籠に乗るどんなに偉い人でも、担ぐ人がいなければ、またその人の草鞋をつくる人がいなければ成り立たないことを言っている。**どんな組織も、下で支える人がいるからだというのが、田中の徹底した物の見方、人生観でもあったのだった。**

玄関番のジイサンへの心付けも、決して忘れなかった田中。そうした配慮は、必ずその人の評判としてやがてジワジワと広がっていくものと知りたい。

66

寛容ということを学んだのは、若き日の「怪我がなくてよかった」の一言だった

「ワシが何よりも大切にしているのは、人との接し方だ。戦略や戦術ではないぞ」

田中角栄の言葉だが、これを憶測してみると、人と接する場合、まず掛け値なし、まっさらの状態で相手と向かい合うことを心懸けようとしているようである。その結果、仮に自らの相手への評価が間違っていてもそれには目をつぶれ、相手を許せという接し方である。

こうした、言うならば「寛容の精神」が、田中の大きな処世術の一つでもあった。

田中はご存知のように、尋常高等小学校卒業後、土木関係の工事下働きなどをしな

がら15歳で単身上京、職を転々としながらやがて事業で大成功、政界に転じて首相の座までのぼり詰めた。

その上京後、職を転々としたあげく就職したのが、当時の芝琴平町にあった高砂商会という輸入貿易会社であった。少年・田中はここで、それまで実感したことのなかった「寛容の精神」を知るのだった。

高砂商会での田中の仕事は、自転車を駆って輸入した高級カットグラス製品などをデパートはじめ得意先に納品するというものだった。ところが、ある日、通っていた夜学に間に合うように自転車を飛ばしたことでカーブを曲がり切れず転倒、日本橋のデパート高島屋へ納品するはずの高級カットグラス製品を粉々にしてしまったのだった。

高砂商会の社長の名は、五味原と言った。田中はこの五味原に詫び、破損の弁償を申し出たのだが、五味原がまず切り出した言葉はこうであった。

「まぁ怪我がなくてよかった。そのうえ、君がお得意さんに代わりを届けてくれたのは何よりだった」

五味原はこうしたいたわりの言葉に次いで、弁償は不要を伝えたのであった。弁償となれば、原価で計算しただけで、田中は月給の4〜5ヵ月分を返上しなければならない額だったのである。

田中はこのときのことを、自著『私の履歴書』（日本経済新聞社）で、おおむね次のように述懐している。

「奥さんを含めて、この五味原さんから初めて『寛容』ということを学んだ。誰にも、不注意による過失はある。以後、自分もこうしたことは絶対にとがめないという原則、処世術を身に付けることができた。ためか、私は一貫して、人に恵まれての仕事ができた。つくづく運のいい男だとも思っている」

そうした姿勢は、やがて田中の政治手法にもなっていった。

権力抗争を交えた相手でも、よほど相手がその後も敵対してこない限り、自分から門戸を閉じてしまうということはなかった。何かあれば、いつでもオレに相談に来いという姿勢である。月日を経れば、またいつの日か手を握る日が来るのだという人生観に辿りついたということである。

「情けは人のためならず」。助けられた人間に、感謝が残らないわけはない。

いささか儒教的な響きではあるが、「寛容の精神」をもう一度心してみて損はないようである。

人と会うのが醍醐味になってこそ本物である

現在の「コロナ」禍による「オンライン」「テレワーク」で人と対面せずの仕事が常態化しつつあるなか、田中角栄に言わせれば、これではビジネスマンとしても、人間としても成長はないということになりそうだ。

すなわち、人は直接、人に揉まれることによってこそ成長し、伴って商売相手の心理、心情なども理解できるようになるとしているのである。

若い頃から数学好きだった田中は、田中派の若手議員にこう言ったことがある。

「若いときに身を粉にすることを苦にするようでは、とても後々の成功を手に入れることができるわけがない。人と会うのが面倒では、そうした意味での成長もない。書物などが教えてくれるのは、人生の1次方程式にすぎない。その先の2次方程式こそ、人生そのものだ。**それは人に揉まれてこそ、初めて解ける**

ようになっている。分かるか」

また、別の若手議員には、こうも言っている。

「大事なことは、気に入らない相手でも全力で向き合ってみることだ。『アイツは嫌いだ』と背中を向けているばかりでは、とても人脈の拡大とはならない。ダメな相手、嫌いな相手でも、背を向ける必要はまったくない。やがて、『よう、元気か』と、声をかけられるときもある。いつの日か、仲間となれるチャンスも出きるということだ。まぁ、人と会うことが醍醐味になってこそ本物であるということだ」

「オンライン」「テレワーク」の〝休憩〟時、田中の言葉を思い遣ってみるのもいいかも知れない。

第二章　人に好かれる極意

〈目指せ「人間学博士」編〉

――相手に安心感を与えているかどうか

人間関係は、すべて心理戦争と心得よ

「心理戦争」とは、どういうことか。人間関係の中で、どこを押せば相手が身を乗り出し、時に引いてしまうか、相手の気持ちを忖度する〝心の戦争〟と言っていいだろう。この戦争を制した者が人から好かれ、人脈にも厚みを付けていくことができるということである。

しかし、この戦争の勝者になるには、なかなか難しい条件がある。頭デッカチの知識だけでは、とても勝てない。時に、相手の心のなかに立ち入ることが多いことから、神経に極めて繊細さが求められる。ために、田中角栄は言っていた。

「**相手の気持ちが分からずに、人に好かれるわけがない**」

人間関係はすべて心理戦争であると言っているということである。

少年時代から社会の荒波にもまれ、人間心理のアヤをいやというほど垣間見てきた「人間学博士」田中ならではの言葉と言える。

失敗はできるだけしたほうがいい。骨身に沁み、人を見る目ができてくる

前項の「心理戦争」について、田中角栄はこうも言っている。失敗を多く重ねれば重ねるほど骨身に沁み、世の中の仕組み、人の心理が分かってくる。失敗こそ、「心理戦争」勝者への〝武器〟だとの考え方だ。

人は、成功から学ぶものは少ない。失敗からこそ、より学べると田中は教えている。

私が大切にしているのは、何より人との接し方だ

「戦術、戦略ではない。

会って話をしていて安心感があるとか、自分のためになるとか、そんなことが人と人を結びつけると思っている。

私が大切にしているのは何より人との接し方だ」


この田中角栄の言葉の裏には、人と接するにはまず先入観、被害者意識、敵対意識といったものを捨ててかかれという意味がある。誠心誠意で臨む中に、人と人を結び

つける新たなキッカケが生じるのだとしている。田中は、常にそれを実行した。

ロッキード裁判を間近にした昭和54（１９７９）年2月、当時の自民党中曽根（康弘）派の代議士秘書が、筆者にこんな話をしてくれたことがある。

「私の派閥のある議員の地元の青年たちが上京し、『田中角栄先生に、是非会いたい』と言う。しかし、先生は折から風邪で、39度の熱を出されていた。それでも一応、先生にその意向をお話しすると、間髪を入れず『かまわん。連れて来い』で会ってくれたんです。先生は、『新潟から昨夜帰ってきてね。昔、

母から聞いたように、白ネギを首に巻いてタマゴ酒を飲んで布団にくるまっておった。これでだいぶよくなった』と言われ、なんと40分間、目白のお宅の庭で青年たちに政治のことを諭すように話された。青年たちは先生の風上に壁のように並んで立ち、風に当てぬようにして話をうかがった。うちの議員は田中派じゃないのに、田中先生はここまでやる人なんです。青年たちは皆、感激の面持ちで帰って行きました」

誠心誠意は、必ず人を惹きつけるというエピソードである。

気取っている人間は嫌われる

「自ら膝を折ってこそ、人は喜ぶものだ」

田中角栄は首相になる前の大蔵大臣、自民党幹事長、通産大臣時代を通じて、じつにマメに宴席に顔を出していた。政界の実力者に加え、〝庶民派〟として国民の人気も抜群だっただけに、中央政界の中堅・若手議員、財界、地方議員、中小の事業家等々、「田中先生のお話を聞きたい」と〝宴席出席要請〟が途切れることがなかったのである。

結果、田中はよほど多忙でない限り、週2日か3日をこの宴席出席にあてた。たとえば、5つあるその日の宴席出席要請を3つほどに絞り、午後6時、7時、8時と設定、3時間で3つの宴席を駆け足で回るのである。場所は、赤坂、新橋、築地、神楽坂、向島といった具合にまちまちだから、車で移動する時間を考えると、一宴席にいられる時間は長くて40分ほどということになる。

宴席の主役は田中だから、屏風の前に座り、設けた側の幹事あたりから「まあ先生、一杯」となるのがふつうだが、田中は座敷に入ると例によって「やあ、やあ」の第一声、時間もないことから屏風の前には座ることなく、集まった者たち一人一人のところに出向いては、膝を折って自ら酒を注ぎ、また返杯を受けては話をするといった具合だった。

こうした田中の幹事長時代の宴席に出席したことのある当時の自民党中堅議員は言っていた。

「私を支えてくれる選挙区の県会、市会議員10人ほどをお連れしたことがある。事前に『どの先生をお呼びしようか』と彼らに相談すると、一致した答えが『田中角栄先生』だったのです。

先生は自分ら一人一人の前に来、盃《さかずき》を手に『おお、そうか。それは、こういうことだ』などと、偉ぶるところはまったくなしで、笑いをまじえて率直な話をしてくれていた。料理には、一切手を付けずにです。国民に人気のある庶民派政治家とはこういうものか、先生が退席されたあとの出席者全員が、『今日は本当によかった』と、先生にお目にかかったことを心の底から喜んでくれた。私も面目がたったものでした」

こうして、田中は週に2日か3日、3つばかりの宴席に出席していたということだった。仮に一宴席の出席者が10人としても、1日に30人を〝虜《とりこ》〟にしてしまうことになる。これが週に3日なら90人となり、月に３６０人ほどが〝田中ファン〟になってしまう勘定になる。年間ならなんと４０００人になるのである。

田中の広大無比と言われた人脈は、こうした形でもつくられた。そっくり返っている人間、気取っている人間に人脈形成は無縁、人は寄って来ないということでもある。

些細な約束こそ守れ。信用を得る第一歩

几帳面な性格だった田中角栄は、一度約束したことは、どんな些細なことでもいい加減にはしなかった。

田中は自民党幹事長時、日韓関係の混乱、日米安保の自動継続、燃えさかる中での

学生運動に対する大学法案、沖縄の本土復帰への推進問題などで、度々、社会党と渡り合った。当時の社会党幹部のこんな証言が残っている。

「角さんは国会の控え室、社会党本部といわず、バンバン電話を入れてくるんだ。委員長、書記長とも怒鳴り合った。しかし、ケンカではない。お互い主張は違うが、お国のためにはこちらのほうがいいとのぶつけ合いです。角さんは『ここまでは譲る。しかし、あれとこれとはダメだ。約束したことは、些細なことでも守る。考えてくれ』と、当事者能力を持ってぶつけてくる。そこには、私心というものを感じなかった。

そうしたやり方で、譲ると約束したものはきちんと守ってみせる、信用のできる人物だった。手ごわかったが、交渉相手としては上等な人物だった。我々の面子《メンツ》を潰すことなく、点数もかせがせてくれた。ために、一つの対決が終わると、また笑って会える人物でもあった。こうしたことが、角さんの強大な人脈形成の背景でもあったとみている」

男が恥を忍んで頭を下げてきたら、できるだけのことはしてやれ

田中角栄の懐の深さは知られたところだが、たとえ敵対関係にあっても、相手が窮地にあったら後先考えずに手を差し伸べてやるのも、また「角栄流」であった。

他派閥で、常々、田中の「金権」を批判している議員が、選挙のカネが足りないと泣きを入れてくるときがあった。派閥の親分からはスズメの涙くらいしか助けてもらえず、結局「困ったときの角頼み」で田中のもとを訪れる。田中は、「頑張れ」と言って相応の援助をした。しかし、その後、決して「オレの派閥に入れ」などとは言わなかったところが白眉であった。

また、こうしたことは、「自社」対決時代の社会党幹部に対しても同様だった。隠れるように、田中のもとを訪れた人物もいた。しかし、前掲の言葉通り、黙って助けてやっていたものだった。田中が幹事長時、どんな対決法案でも裏で「自社」両党の話し合いの余地が生まれていたのは、こうした背景があったということである。

人間は木の股から生まれてくるものではない

「君の話は分かった。しかし、人間は木の股から生まれてくるものではない。

人には歴史がある。簡単に削減とはいかん」

石原慎太郎は、昭和43（1968）年の当時の参院全国区が政治家としてのスタートだった。作家として人気絶頂、全国区でトップ当選を果たした石原は怖いものなしで、意気揚々、初当選の挨拶で自民党本部の幹事長室を訪れた。時の幹事長は田中角栄、石原は田中にこう言ったのだった。

「自由新報（＝党機関紙）の編集を含めて、いまの自民党の広報はなっていないな。こんなことでは、党本部の職員を削減すべきでしょう」

これに対して、田中がスパッと言い切ったのが前掲の言葉だった。石原は「？」、どういうことだというような顔をし、不満気に幹事長室を出たのである。

田中が言いたかったのは、人間は皆、それぞれの持ち場で、それぞれ能力一杯、一所懸命やっている。それを、一年生議員がエラソーなことを言うんじゃないということだった。

このエピソードは、田中の人に対する差別なしの一貫した「人間平等主義」をも表している。だからあらゆる層の人が集まり、これらの後押しを受けた形で最終的には権力闘争を勝ち抜くことができたということでもあった。

人の支持を得る最大のポイントは、何か。できるだけ、敵を減らすことにほかならない。田中においての「人間平等主義」は、敵を減らすためだけの計算されたものでなく、下積み生活の長かった生い立ちの中で自然に育まれたものであったことも重要だ。計算されたものは、どこかで人に見破られる。ここでは、心して人に接することの必要性を田中は教えている。

心せよ。
一流の人物は、ひけらかすことがない

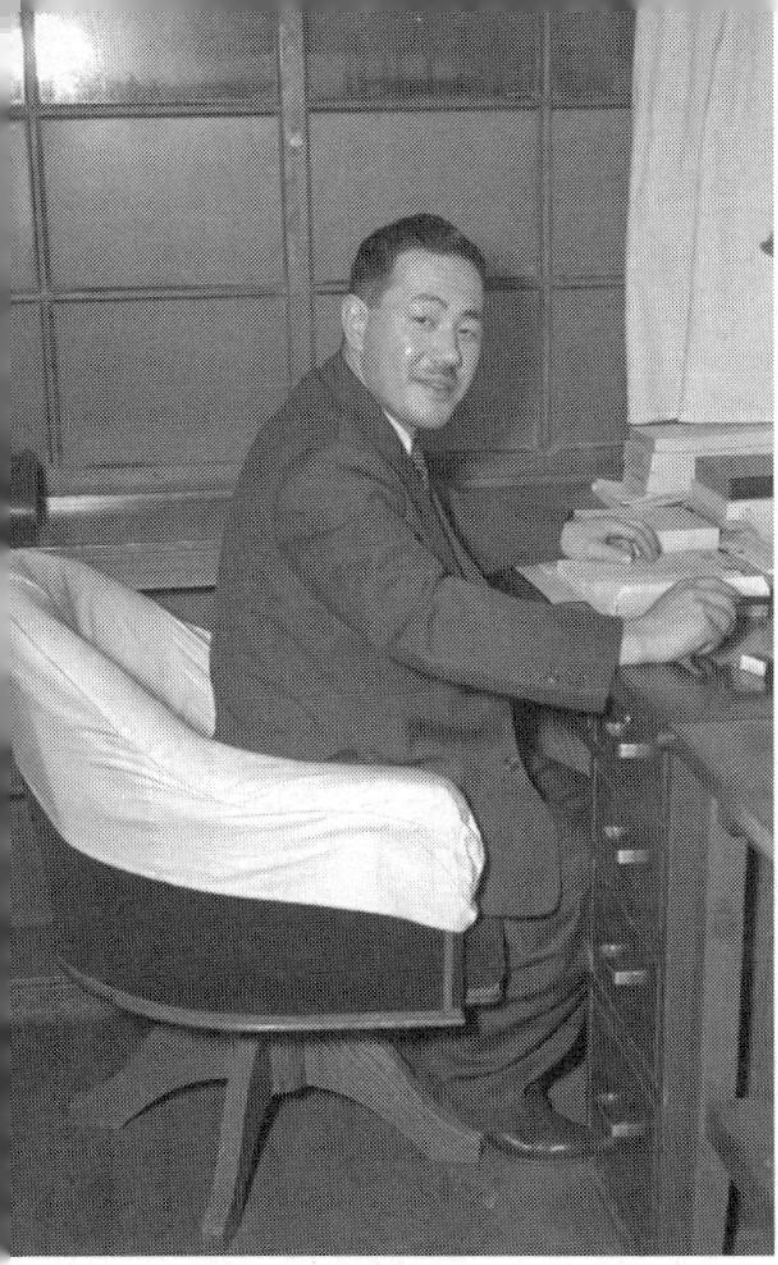

　こんな人物がいる。仕事はほどほどできる。話をさせれば、知識と理屈は一人前。しかし、職場での人気はイマイチで、飲み屋へ行っても、これまでオネエちゃんから一度として秋波などを送られたことなしといった御仁である。

　どこに、問題があるのか。一言で言えば、知識などを「ひけらかす」ことにある。自分では抑えているつもりでも、ついどこかで顔に出てしまうのである。要するに、奥ゆかしさがない。オデコに、「論語読みの論語知らず」のハンコが押してある。

　田中角栄は、どうだったか。**頭脳回転は超人的、誰もがその言動に注目、驚嘆したが、「ひけらかし」がどこをほじくっても出て来なかった。**

　若い政治家が田中の前で生半可なことを披露すると、こんな一喝が飛んできたものだ。「秘蔵っ子」だった小沢一郎が、こんな述懐をしたことがある。

「オヤジ（田中）の前で、政治の話でクチバシを入れたことがある。ただちに、一喝されたね。顔を真っ赤にして、『ろくに政治の〝せ〟の字も分からんくせに、一丁前な口を利くなッ』と。以後、オヤジの前では寡黙を心した。まあ、心せよ、一流の人物はひけらかすことがないと言いたかったのではないかと思う」

「ひけらかさない」のは〝男の粋〟、ダンディズムということでもある。「能あるタカは爪を隠す」という言葉もある。

そんなことは放っておけ

田中角栄の何事にも誠心誠意、全力投球の姿勢が、この言葉に表れている。

例えば、第一章でも触れたが、その後のスケジュールが詰まっているのに、田中の演説が長引くことがある。そんなとき、秘書が「時間です」の合図を出すと、それでも田中は演説を止めないのである。ようやく演説が終わると、田中は言うのである。

「皆がオレの話を真剣に聞いていてくれる。止められるか。そんなことは放っておけ」

また、選挙の際、〈旧新潟3区〉で競っていた社会党候補の選挙カーとすれ違った際、田中が「おお、親父さんは元気か」と声をかけたことがある。二人だけの場なら分かるが、時に選挙カーのマイクは入っている。有権者の誰の耳にも入っている。同乗の運動員が「先生、マイクが入っていますよ」と言うと、まさに「そんなことは放っておけ」でまったく気にしなかったのだった。

巧まず親身になってライバル候補の父親を心配、社会党候補との信条は異なるが郷土のために互いに競う「戦友」としての意識が、モロに出るのも田中だった。深謀遠慮とは無縁の、こうした姿勢を嫌う日本人はいない。

いや、笑いの中にこそ真実がある！

人に好かれる、あるいは人が集まる人物には、性格が明るく、愛敬や稚気にあふれているという側面がある。陰気、面白みのない人物には、人は集まりにくい。「人気」の大きな分かれ目になるということである。

「田中角栄先生の座敷は明るく、笑いが絶えず、気配りに満ちていることで芸者衆の誰もが先生の座敷に出たがっていた」との、こんな花街・神楽坂の料亭関係者の証言もある。

なるほど、田中は〝笑い〟を重視した。大衆というものは、どこかで社会生活の中での笑いを求めている。その大衆を無視したビジネスも政治も成り立たず、笑いの中にこそ大衆の求める真実があると田中は見抜いていた。

こんな田中の演説のヒトコマがある。

「野党が何だかんだと言っても、気にしなくていいんです。まあ、アレは三味線みたいなもんでね。子どもが一人、二人ならいいが、三人、四人おったら、中にはうるさいのもいるわね（爆笑）。皆さんッ、笑ってばかりいてはダメですよ。いや、笑いの中にこそ真実がある！」

笑いの中にこそ、意外に真実が存在しているのだということである。田中の透徹した人生観が覗けるようでもある。

イヤな客に言い寄られたら、田中角栄に口説かれていると言うといいぞ（笑）

「新聞社の諸君は、この田中角栄でメシを食っているようなもんではないか。たまには、一杯おごってみたらどうだ」と記者を苦笑させたことがあるように、歴代首相の中で田中くらい陽性、ユーモアに富んだ人物はいなかった。前述したように、酒席でもとにかく明るく、人の悪口、批判なども、一切、口にすることがなかった。こういう人物が、人に好かれる大きな要因となるようである。

田中と赤坂の座敷で同席した若手財界人のこんな証言がある。

「金権、金権と騒がれていたとき、ある芸者に向かって田中さんが言った。『なぁ、

イヤな客に言い寄られたら、田中角栄に口説かれていると言うといいぞ。皆、ビビッて逃げ出す』と。座は、ドッと笑いに包まれた。金権というとうとましい言葉を、こうしたユーモアに置き換えられるのは、なかなかの人物だと改めて思った」

ユーモアは、余裕がなければ出て来ない。余裕が、また人柄を育てていくものだということも知っておきたい。「ユーモアの効用」を軽視してはいけない。

「自分の言葉」で話すことだ。借りものは一発で見抜かれる

田中角栄が多忙な折、田中に代わって議員の応援弁士に出向くのも、田中事務所の秘書たちの役目の一つであった。そんなとき、田中は口をすっぱくしてこう秘書に言った。

「いいな。分かったようなことは言うな。気の利いたことを言おうとするな。そんなものは、聞いている人は一発で見抜く。世間は甘くない。**借りものはダメだ。〝自分の言葉〟で、全力で話してみろ。そうすれば、初めて人は聞く耳を持ってくれる**」

一般社会でも、したり顔でウンチクを傾けるがあとで振り返ってみると、「さて、

何の話だったっけ？」という話し手も、多々いる。原因は一つ、まくし立てる言葉の中に「自分の言葉」がないことにある。インターネット、本、新聞、テレビ、あるいは友人、知人からの受け売りで、「他人の言葉」の羅列ということである。ある程度、世の中でもまれている聞き手なら、そんな言葉は一発で見抜いてしまうということである。

商談、会社での会議やプレゼンテーションでも、自分の少ない経験、知識に意欲をプラス、とにかく全力投球で「自分の言葉」で話してみることだ。第一、一所懸命にはかわいげがある。かわいげがあれば、聞き手は少なくとも聞く耳を持ってくれるということである。人に好かれる第一歩は、こういうことでもある。

百両の馬にも難がある

田中は父親が牛馬商だけあって、幼少の頃から馬に親しんでいた。長じて妻・はなを名義として馬を持ち、ベロナという馬で中央競馬のオークスを制したこともある。ベロナ以外にも愛娘・眞紀子（元外相）の名を冠したマキノホープ、マキノオー、マキノミドリなど数頭を保有していた。

しかし、高額で手に入れ、「名馬」とされた普段はよく走る馬も、時にゲートからの出遅れグセ、気が強くて騎手の手綱捌き通りに動いてくれないなど、欠点を見せることも多々あった。

ここで田中の言いたかったのが、「百両の馬にも難がある」ということだった。

どんな名人、達者と言われる人にも、探せば必ず欠点の一つや二つはある。人間はオールマイティにあらずである。ために、いくら自分に自信があっても決して驕ってはいけないということが一つ、もう一つは人は欠点が必ずあるものだから、そことどううまく付き合っていくかが人間関係のツボだと教えている。

人への悪口は呑み込め。プラスになることは何もない

「一人の悪口を言えば、十人の敵をつくる。よほど信用している相手でも『君だけには言っておくが、じつはアイツは……』とやれば、一日経たないうちに知らぬ者なしとなる。それが政界、社会もまた同じだ。プラスになることは何もない。どうしても悪口を言いたければ、一人でトイレの中でやれ」

田中角栄は新人議員に、こう言い置くことが多かった。筆者が長きにわたって田中

を取材していて「凄い」と思ったのは、誰に対しても名指しで人を悪く言った話が一つとして出て来なかったことであった。ロッキード事件絡みで恨み骨髄のハズの三木（武夫元首相）に対しても、冗談話はともかく、人前、名指しで悪口を言ったことはなかった。田中はこうも言っていた。

「悪口を呑み込んだことで、やがて時期が来て互いの利害損得が一致したとき、再び手を握れる余地が生まれる。人脈は、こうして広がっていく部分もある。まあ、他人のことをとやかく言う前に、まず自分の頭の上のハエを追ったらどうだということだ。自分に問題はないのかだナ」

相談を受けたら、結果をあいまいにするな

「できないものはできないで、ハッキリ言ったほうがいい。結果はどうあれ、真剣に耳を傾けてくれたことで相手に感謝される場合が多い。相談を受けたら、結果をあいまいにするなということだ」

田中角栄は陳情などを含めた頼まれ事など、その結果を決してあいまいにしなかった。「考えておく」といったような答えは、まずなかったのである。

どういうことか。話を持ち込んだほうは、イエスかノーかの答えを待っている。物事は、できるものかできないものかは、相談を受けた段階でおおむね分かる。できることは、即答してやれば相手は喜ぶ。できないと答えれば、当然ガッカリはする。しかし、ノーとされても正面から受け止めて相談に乗ってくれた形は残る。ダメだったが、真剣に聞いてくれたという思いは残るということである。

一方で、「考えておく」で、その後、結果的にできないとの返事になれば、待たされた相手には疲労感のみが残ることになる。同時に、両者の間には何とも言えない距離感が生じてしまう。田中は相談事の返事を明確にすることで、多くの信頼を得ていた。何事も、けじめのある人間が信用されるということでもある。

「自分の物差し」は引っ込めたほうがいい

昭和44（1969）年12月の総選挙で、27歳、初当選を果たした小沢一郎に、自民党幹事長だった田中角栄は〝政治家入門〟に際して、ピシリとこう言い置いた。

「まず、身内（注・当時の所属派閥の佐藤派）を知ることに神経を使え。身内のこともよく知らないで、一人前の口をきいてはいけない。〝自分の物差し〟ばかりで物を言うなということだ。こういうのは、使いものにならない。自分の物差しは引っ込めて、黙って汗を流せ。このほうが、**物事はかえってうまく運ぶことが多い。いいとこ**

ろは、人に譲ってやれ。損して得取れだ。これが、人に好かれる秘訣」

我慢は必ずプラスになる

人から悪口を言われた場合、どう対応すればいいのか。田中角栄はこう言っていた。

「『**踏まれても、踏まれても、ついて行きます下駄の雪**』だな。我慢、我慢ということだ。私は言わんが、周りでは私のことをとやかく言っている奴がいる。まあ、人間社会では当たり前の光景だ。悪口にいちいち怒っていたら、身が持たない。どんなに煮えくり返っても、我慢して放っておいたほうがプラスになる場合が多い」

「ゼロからの出発」。むしろ感謝すべきじゃないかね

「ねたむ」という言葉がある。「嫉妬」である。

アイツは親が財産を残してくれて悠々自適の人生だが、この俺を見てくれ。中高校生の頃はアイツより俺が成績もよかったが、いまの俺は安月給のうえ会社でも先が見えている。カミサンはため息の連続だ。世の中あまりに不平等じゃないか、と時にヤケになるといったケースがそれだ。

国会議員にしても同じで、「二世」「三世」の世襲は地盤（先代などが固めた選挙区）、看板（知名度）、カバン（資金力）の「三バン」に恵まれていることで、アホでも当選してしまうことが少なくない。一方、勉強家で人物もなかなかなのに、選挙区での「三バン」がなく、常にあと一歩のところでこうしたボンボン議員の後塵を拝す

る人物もいる。

苦労人の田中角栄は、こうしたボンボン議員への叱咤と、「三バン」なきゆえにあと一歩に泣いたことのある若手議員に、それぞれ次のように言ったことがある。

「おまえみたいな恵まれた二世議員は分からんだろうが、この世の中で圧倒的に多くの人は〝ゼロからの出発〟を余儀なくされている。孤立無援、誰も助けてはくれない。しかし、叩かれ、だまされ、突き落とされてはい上がってくるなかで、だんだんと地に足がついてくるんだ。人との距離、間の取り方、情とは何か、周囲への気配り、そんなものが自然と身についてくるということだ。

このあたりがダメなのが、おまえのようなボンボンということだ。いくら上手を言っても、選挙民はバカではない。すぐに、人物を見抜いてしまう。おまえ、次の選挙は要注意だぞ。分るか。心しておけ」

「〝ゼロからの出発〟に、ひがむ必要は全くない。ワシの若い頃を見ろ。ひたすら、前進あるのみだった。**それでいいんだ。失敗してぶっ叩かれ、一つずつモノを覚えて**

いく。何もないということは、むしろ感謝すべきじゃないかね。

人はしょせん、一人で生まれて一人で死んでいく。おまえもその辺を心し、全力投球してみろ。山より大きなイノシシは出ない。誠実に生きていけば、怖いものなどあるものか。〝ゼロからの出発〟は、むしろ感謝すべきと考えることだ」

叱ったあと、5分もすれば忘れている

田中角栄の血液型はB型、陽性で楽天的性格とされる。なるほど、「ワカッタの角さん」と言われたように、部下の若手議員などを叱ってもネチネチとはやらない。ポイントだけかいつまんで、「そんなことが分からんのかッ」と、一言、言い置くとい

った感じだった。

問題は、そのあとである。翌日、会っても、昨日のことは何もなかったの如く、ケロリとしている。田中は、こうも言っていた。

「私にはそんなことを**いつまでも引きずっている余裕、時間などはない。物事は淡々と処理する。叱っても、5分もすれば忘れている。トイレの水に流して終わりということだナ**」

これなら、叱られた相手も、あとを引きずらないから助かる。ネチネチしないから、結局は人がついて来ることになるのである。

どうしても行きたい。他の予定はすべてキャンセルだ

田中角栄が冠婚葬祭、とりわけ葬祭を大事にしたことは先にも触れた。人の不幸には居ても立ってもいられず、遺族と一緒に涙してしまうのが通例だった。

のちに通産相、厚相、衆院副議長などを歴任した会津訛りのズーズー弁で人気のあった渡部恒三元代議士が、まだ陣笠だった頃にこう言っていた。

「同じ田中派の参院議員だった石破二朗（石破茂元自民党幹事長の父）さんが亡くなる直前、二朗さんは地元の鳥取の病院で、しきりに夫人に『田中さんに会いたいなぁ』と言っていた。それが、田中さんの耳に入った。田中さんすぐですよ、秘書に

『どうしても（石破のところへ）行きたい。他の予定はすべてキャンセルしてくれ』と言い置いて、鳥取へ飛んで行った。結局、石破さんは亡くなられて、密葬、県民葬が行われたんだが、田中さんはそのすべてにも出席していた」

息子の石破茂はその後、父親の跡を継いで衆院議員となり、迷うことなく田中派入りを決めた。石破はのちに、「田中派入りに、迷いなどあるわけがなかった。私の〝親分〟は田中さんしかいなかった」と言っていた。ここまで人との絆を大事にすれば、人がついて来るのは当然ということかも知れない。

梶山静六の運転手さんをよく診てやって欲しい

羽田孜元首相が言っていた。

「私の父親が入院している病院に、同じ田中派の梶山静六代議士（のちに自民党幹事長・内閣官房長官）の運転手も入院していた。私は父親の見舞いの折にはいつもこの運転手の病室に顔を出していたんだが、ある日、この運転手が青い顔をして私に言うんだ。『先生、大変なんです。最近はどういうものか、前と違って立派な医師が次々と私を診察に来るんです。もしかしたら、私は医学的にとくに興味のある悪い病気じゃないのでしょうか』と。

で、私は院長に聞いてみた。すると、どうだろう。院長いわく、『いや田中角栄先生から電話をいただきましてね。どうか運転手さんをよく診てあげて欲しい。よろしく頼む』と。一運転手さんに対しても、こうです。田中さんとは、こういう人なんだと改めて涙が出たね」

ここでも、**人を地位などでは一切差別しない**田中の「人間平等主義」がうかがえる。人に好かれる、人がついて来るゆえんがうかがえるということである。

右端の人はもっと左。背の高いのは位置を変えなさい

東京・目白の田中邸には、田中角栄の最盛期、毎朝300人から400人ほどの陳情客、地元新潟からの支援者などが押し寄せていた。当然、田中はこれら数十組ものグループと会うことになる。話が終わったあとは、これらグループと次々と記念写真を撮るのである。

そんな光景を秘書の一人が、次のように証言していた。

「田中先生を最前列の真ん中にして、時には30~40人が一緒の写真におさまることがある。そんなとき、先生はひょいと立って写真屋さんのレンズの前まで行き、全員が

キチンと入っているかを確認することがあるんです。『右端の人はもっと左だ。背の高いのは、うしろの人が写らないから位置を変えなさい』などと指示する。あるとき、言ったんですよ。『先生、写真屋さんがちゃんとやってくれますよ』と。すると、先生は言った。『**皆がちゃんと写っていなかったら、写ってない人はどんな気持ちになる**。写真屋に任せてはおけんのだ』と」

ここでも、手抜き一切なし、田中が田舎のジイサン、バアサンはじめ、誰からも圧倒的に好かれたゆえんが窺《うかが》える。

しっかりしろ。弱気になっちゃダメだ

入内島金一という、田中角栄と同郷の人物がいた。昭和９（１９３４）年、田中が郷里新潟をあとに15歳で初めて上京して以来、ともに苦労して中央工学校に通った仲である。爾来四十数年、二人は助け合いつつ仕事をし、入内島は田中の金脈問題にも名前が出たりで、二人の友情ぶりはあまねく伝えられたものでもあった。

その入内島が糖尿病を悪化させ、群馬県の病院で闘病生活を送っていたときの話である。こんなエピソードを明かした関係者がいた。

「田中さんはロッキード裁判でくたくたになっている中、多忙の合間をぬって月１回の見舞いを判で押すようにやっていた。なんと、時間がないのかヘリコプターを飛ばしてやってきたときもあった。入内島さんの手を握ってね、『しっかりしろ、弱気になっちゃダメだ』と、時にはうっすら涙を浮かべて激励していた」

前出の梶山静六代議士の運転手へのエピソード同様、田中の何事にも誠心誠意の姿勢がよく分かる。友情を大事にするか否かで、その人物の器量もまた問われるということでもある。

どんな話でも、結局はポイントは一つ。3分あれば片付く

田中角栄は「ワカッタの角さん」と言われたように、長話が大嫌いだった。田中の

秘書を務めていた早坂茂三（のちに政治評論家）が、こう言っていたことがある。

「オヤジ（田中）の話というのは、簡潔、平易、明快が特徴だ。話に、起承転結などはない。ズバッと、まず結論から入る。筋道が立っているから、どう結論が出ても誰もが納得するようになっている。一度、若い政治家の相談が終わったあとにオヤジに聞いたんだ。『もう少し、ジックリ聞いてやればいいじゃないですか』と。オヤジいわく、『どんな話でも、結局はポイントは一つだ。そこを見抜ければ、物事は3分あれば片付く。あとは、結局ムダ話だ。大体、忙しいワシがムダ話に付き合っている余裕はない。長話は、奴ら（部下）だってヘキエキするだろう』だった。真理は、常に簡明であるということだな」

「我惟《おも》う。故に我在り」で知られるフランスの哲学者にして数学者だったデカルトも、次のような名言を残している。

「よく考え抜かれたことは、極めて明晰な表現をとるものだ」と。

今日あるのは、母あってのことだった

人は、一人で生きていくことは難しい。親、友人、会社勤めならその上司や部下、あるいは商売相手など、それぞれ周りから影響を受けながら生き方が決まっていく。

さらに、人生観もそうしたなかで固まっていくものである。

田中角栄もまた、首相になったとき、「今日あるのは母あってのことだった」と、自らの人生観の底流を口にしたことがあった。

田中の母・フメは、牛馬商などの仕事がうまくいかぬ夫・角次を支え、朝から晩まで働いた。田中は自著『私の履歴書』で、こう述懐していた。

「母は朝、真っ暗なうちから起きて、田んぼに入って働いていた。牛や馬の世話もある。私が夜、目を覚まして手洗いに行くと、母はいつも何か仕事をしていた。お母さんは、一体、いつ寝るのだろうかと不思議に思ったものだ。また、愚痴を、一切、言わない人でもあった」

自著には、以下のようなくだりもある。

その母は、田中が代議士に初当選した頃、「せがれさんは何にしたかったのですか」と問われると、頭は良かったが貧乏な生活環境から、「息子は越後線の駅員にでもなってくれればと思っていた」と答えた。また、15歳の田中を一人上京させるにあたって、「大酒は飲むな。馬は持つな。できもせぬ大きなことは言うな」と三つのことを注意した。これは、夫を見ていての言葉であった。

そのうえで、フメは次のようにも言ったのだった。

「人間には休養が必要です。しかし、休んでから働くか、働いてから休むかの二つのうち、働いてから休むことにしなさい。また、悪いことをしなければ住めないようになったら、早々に家（郷里）に帰って来なさい。もう一つ、カネを貸した人の名前は忘れても、借りた人の名前は絶対に忘れてはなりません」

そして、こうも付け加えた。

「おまえは自分の将来を自分で決めるだけの頭はしっかり持っていると思っているから、私はなんでもおまえの言うことは信用し、賛成します」

田中はこうした全幅の信頼を寄せてくれる母親の影響を強く受け、人生の指針とした。

こう見ると、母親が与える子どもへの影響力は多大なものがあることを、改めていまの時代に認識する必要もあるようだ。「親の背を見て子どもは育つ」ことを、忘れてはいけない。

至誠の人、真の勇者

田中が在校した新潟県刈羽郡二田村の二田尋常高等小学校当時の校長に、草間道之輔という県下に名だたる教育者がいた。

当時としては珍しく、長い教育生活で一度も生徒に手を上げたことがない人でもあった。その彼の手による校訓が、講堂に掲げられた「至誠の人、真の勇者」であった。田中は学校を一度として休んだことがなかったことから、卒業までの8年間、毎日、この額を目にしていたのだった。

田中は政治家として大成した後日、こう言っていたものである。

「私という人間のすべては、この校訓に親しんだ8年間につくられたと思っている」

母・フメとこの草間校長の二人の〝伴走〟に支えられ、田中は人生の階級を駆けのぼることができたということである。

第三章　リーダーシップの磨き方

〈「発想の転換」編〉

——決断の要は「細心にして大胆」

仕事をすれば批判があって当然。しなければ責任回避を見抜かれ、叱る声さえ出なくなる

田中角栄は陣笠議員の頃から「公営住宅法」「道路三法」など、自ら議員立法を提案、成立させ、戦後日本再建のための法整備に命を懸けた。その数じつに33本、比類のない政治的能力の高さと言えた。その後、過疎解消、格差是正を旨とした「日本列島改造論」を引っ下げ、首相の座に就いた。田中がこうした一連の政策にチャレンジしなかったら、日本経済の再興もどれだけテンポが落ちていたかは明らかである。

その田中は、前述の言葉に続けて、いかにも田中らしい言い回しでこうも言っている。

「私の人気が悪くなってきたら、ああ田中は仕事をしているんだと、まァこう思っていただきたい」

例えば、ある人が新たなポストに就き、積極的に仕事にチャレンジしたとする。うまくいけば拍手となるが、失敗すれば冷ややかな目にさらされる。チャレンジには、当然リスクが伴うということである。

逆に、無策、何もしなかったらどうだろう。

適当に、お茶を濁すというヤツである。しばらくは新ポストへの〝ご祝儀〟で、上からの叱責は届かない。何もしなければ失敗もないのだから、その間、叩かれることもない。

しかし、時間が経つと状況は一変する。「何の発想、構想力もない男だ」の声が、あちこちから出てくる。一方で、常に御身大切、リスクの伴うことには手を出さぬという、責任回避の体質も見抜かれる。責任を回避する上司が、生き残ることができないのは、言うまでもないのである。昇進はここまで、次は〝窓際〟が待っているぞと、田中は言っているようなのだ。

「行為する者にとって、行為せざる者は最も過酷な批判者である」との諺もある。**最も過酷な批判者に目を瞑《つぶ》り、邁進できる者だけが、リーダー、上司の有資格者だ**と田中は言っている。その真意は、「心せよ上司。事なかれ主義が一番いけない」とも聞こえるのである。

私は常に、最善、次善、三善の策を考えている

「政治家にはオール・オア・ナッシングというものはない。まず最善手を目指し、一方で次善、三善の策も考える。すべてのリーダーの心得でもある」

あらゆる組織のリーダーには、目標達成が求められる。ために、田中角栄はまず落とし所としての最善手で臨み、それがうまくいかない場合を考えて、次善、三善の策の落とし所を考えておかねばならないとしている。物事にチャレンジする場合、常に切るカードを3枚は用意しておく必要性を説いているということである。〝三策〟があれば、なんとか落とし所へ持っていくことができるということである。

リーダーの最後の判断は、「公六分・私四分の精神」が不可欠

「最後は私心、私情を捨てなければならない。公優先の判断なら、失敗しても逆風をかわせる」

ここでは、リーダーがギリギリの決断をしなければならないとき、その判断基準をどこに置くべきかを田中角栄は言っている。なかでも強調してやまなかったのは、「公六分・私四分の精神」であった。田中はヘタな駆け引き、権謀術策をよしとしない人物で、こうした手法には限界があることを知り尽くしていたということでもあった。

ためか、田中はよく若い議員に、こうカミナリを落としたものであった。

「バカ野郎ッ。どこを見て政治をやっているんだ。お前たちは、日本のために政治をやっている。私情で動いてどうする。政治家、リーダーというものは、どんな場合でも、最後は51％は公に奉ずるべき、私情は49％に止めておくべきものだ。公六分で決断した場合、仮に失敗しても逆風をかわすこともできる。私情優先では、同情の生まれる余地はない」

フランスには古くから、「ノブレス・オブリージュ」（noblesse oblige＝上に立つ者は倫理感と社会的責任がある）という名言がある。

世の常識にたゆとうのは、もとより結構である。しかし、一方で発想を少し変えてみると意外な効果を知ることがある。行き詰まりに、おやという光明を発見する余地が生まれるということである。その発想が岐路に立ったとき、次は「公六分・私四分の精神」で勝負ということである。〝岐路〟を突破する一助になる。

決断したら一瀉千里《いっしゃせんり》、異論の出る前に即実行が肝要

「決断と実行」を政権のキャッチフレーズにした田中角栄だけに、とりわけ物事の決断に際しての采配ぶりは見事なものであった。田中がひとたび断を下したことに、異論を唱えてくる田中派幹部など、まずいなかったものだ。

前項の絶対の自信をもって臨んだ田中の「公六分・私四分の精神」をもっての会合での決断の裏には、水も漏らさぬ細心の一方で、相手が唖然とするような大胆さが垣間見られた。そのうえで、決断したことを実行に移す過程が、極めて迅速であることが分かるのである。

「ワシは決断したら、一瀉千里《いっしゃせんり》だ。自信がある。実行に手間取っていると、決断に対する異論が出てくる。細心の準備でかかっているから、異論はゼロということだ」

これが、田中のリーダーシップの裏である。世の中で、大物、実力者と言われる人たちに共通するのは、大胆な言動の一方で、極めて細心さを秘めているということである。

おしなべて大雑把な大物、実力者などは、まず存在しない。

優れたリーダーは、人の好き嫌いをしない

「能力を見分けて、適材適所に配置する。問われるのは、大事を任せられる人物を見

分けられる目があるかどうか

前出の「公六分・私四分の精神」と同一線上にある言葉である。

これは、例えば、トップが人の好き嫌いで人事を行うような会社は、必ずどこかで行き詰まる、派閥が生じ、やがてトップの意向もスムースには伝わらなくなるという警告ということでもある。

そうした中で、最盛期じつに１４１人という大派閥を率いていた田中角栄の人事は、水際立っていた。当時の田中派担当記者が言っていた。

「田中派結束の一つが、田中の人事にあった。おおむね当選年次より、逐次、大臣のイスに就かせるが、この国にとってのカギになるような重要ポストには、人物の好き嫌いも度外視、タイミングよく能力のある者を就けた。田中が政治を『私』しないゆえんだった。また、議員の能力を見分けるその目の確かさは光っていた。そのうえで、まずまずの人物には適当に伴食大臣のイスに就けていた。伴食でも、田中が大臣に押し上げてくれたことで不満は出ない。こうした田中のバランスを考慮のうえ筋を通した人事が、田中派の『一致団結、箱弁当』とも言われた結束力の源泉でもあった」人物を見分ける目を養うには、ノホホンとして育ってきたリーダーにはなかなか厳しいことかも知れない。

苦楽を共にしてきた仲間を重用すべし

昭和14（1939）年3月末、盛岡騎兵第三旅団第二四連隊第一中隊に応召、二等兵として入隊した田中角栄は、冬場は極寒となり、その寒さに体調を崩す兵隊が続出、軍馬も便秘となって病死するほど過酷な地の北満州へ送られた。弱冠、20歳であった。時に、満州国とモンゴルの国境線を巡って「ノモンハン事件」が起き、日本軍の戦車隊とソ連の戦車隊が2度にわたって衝突、戦地に送られた田中の第二四連隊の古参兵も、3、4日後には戦死の公報に次々と入ってくるといった具合で、ほとんどが死んでいる。田中は幸いこの激戦地へ送られることはなかったが、病名「クルップス肺炎」にかかって倒れ、死線をさ迷ったあげく内地送還、除隊を余儀なくされている。

除隊後は健康体を取り戻し、事業をやって大成功、24歳時の田中土建工業株式会社の当年度年間施工実績は、じつに全国50位内にランクインしたものであった。そうした成功が、のちの政界入りのキッカケともなったのだから、田中自らも口にしたことがあるように、生きて戦地から帰れたことも含めてなんとも「強運」の持ち主でもあったと言えたのだった。田中は、よく言っていた。

「ワシは運が強い。橋はワシが渡ったあとに落ちる」と。

一方、軍隊では問答無用の〝ビンタ生活〟の毎日だったが、田中は仲間の兵隊に対して何くれとなく気配りを忘れず、また頭脳の回転は抜群のゆえ、その才覚はしばしば上官をして「アイツはなかなかの男だ」と言わせたものであった。

そうしたなかでの終戦、田中は「愛馬会」と名付けられた戦友会で、復員してきた上官、兵隊仲間との交流を続けたが、事業が成功していたこともあり、こうしたともに死線をさ迷った戦友を、田中土建工業の社員、あるいは代議士となったあとは東京、選挙区の新潟で秘書として次々と採用していったものだった。

田中は仕事で共に血へどを吐くほどの苦労をした、あるいは戦友として逃げ場のない生死がかかるような**ギリギリなところで苦楽をともにした仲間は信用できるとした。**互いに、その人物の胸の底をのぞくことができるからにほかならなかった。

話し合いはいつも全力投球、真剣勝負だ。説得とは、これに尽きる

「田中角栄は勝負にかかると目に殺気が出る。とりわけ、真髄はサシでの話し合いだった。眼光は鋭く、迫力満点となる。〝角福総裁選〟を争った福田赳夫（元首相）をして、『角さんには押しまくられるから、サシ（二人）で会うのはイヤだなァ』と言わしめたこともある」

政治部記者の証言だが、田中が通産大臣のとき、日米間の長い間の懸案だった熾烈を極めた日米繊維交渉の過程でも、こうした〝勝負手〟がいかんなく発揮されている。

記者が続けた。

「政府間交渉での田中の相手の中心は、ケネディ大統領特使。特使はことさら、日本の繊維の対米輸出の伸びを押さえ込もうと粘った。これに対し、田中は得意の数字を速射砲のように並べ、反撃に出たあとに言った。『いいですか。あなたがこれを拒否するなら、これからの日米間は大変なことになると思ってもらいたい。その場合の責任は、あなたにあるということになるッ』と。特使は顔面蒼白、ほうほうの体で帰国した」

結果、翌年のわが国の繊維の対米輸出は、逆に前年比19％増となったのだった。そのうえで、これまでの大平正芳、宮澤喜一の両通産大臣が半ばサジを投げていた、こじれにこじれた日米繊維交渉を決着に導いたのであった。

リーダーの説得力とは、常に全力投球、真剣勝負が要求されるということは言うまでもないということである。

まず大事なのは、経験則である

リーダーあるいはトップがいつもデスクに張り付き、売上表や資料などとにらめっこばかりしているような企業はまず見込みがない。なぜなら、そうしたもとでの部下は、上司は現場にうといだろうと手を抜くからだ。

そこで要求されるのが、リーダーあるいはトップは、常に「プレーイング・マネージャーであれ」ということである。言うまでもなく、現場指揮能力を備えているということである。この現場指揮能力があれば部下の仕事の〝抜き取り検査〟が可能、「ここに問題点があるじゃないか」の指摘ができるということでもある。

田中は言っていた。

「大事なことは経験則だ。田んぼに入ったこともない者がコメのことが分かるわけがない」

現実に泥田に入って農業のイロハ、厳しさも知ったことのない農林省（現・農水省）の役人が、頭だけで米価や農政に口を出して、何が分かるんだ、説得力がないではないかとの怒りでもあった。俗に言えば、「上司というものは、現場指揮能力もないのに偉そうに知ったかぶりをするな」ということのようである。

田中自身は若い頃からまさに泥だらけになって土建業界でもまれ、地元新潟では親の田んぼ仕事を手伝い、選挙の際には長靴をはいて泥田に入っては農家の人と稲の出来について話を聞いたりしていた。現場に精通していたことで現場指揮能力が発揮でき、地元農家の有権者と思いを一つにすることができたということだった。政治手法もまた同じ経験則を生かして何事も率先垂範、まず自らが先頭に立って指揮棒を振ったことで、強い支持と信頼感があったということでもある。

強力なリーダーシップを支える要因の一つは、現場指揮能力と言って過言ではない。

リーダー、トップは、「プレーイング・マネージャー」であることを心懸けたい。

後継になりたい奴は外せ

最盛期じつに141人にまでふくれ上がった田中派はその戦闘力、一枚岩の強さから「田中軍団」と言われた。また、人材もめじろ押しであった。

となると、リーダーの派内ガバメント（統治）はなかなか難しい。ポストの不満を抑え、組織を丸く収めるのが何よりの大仕事となり、リーダーとしての見識が問われることになる。

そうしたなかで、田中角栄の人事原則の要諦は、まず「順序」を間違えないことにあった。その実力を問い、順序を間違わずにこれにあてはまる人物を真っ先に重要ポストに押し込んでいく。これを根幹とし、後の人事は論功行賞、年功序列、温情などを勘案して割り振るということだった。ポストに目がくらんでいる者は、情実を捨て、まず外して考えたところが特筆される。

さて、順序を間違えない人事と同様に、後継者を見定める目も同じであった。田中は、田中派の後継者について、よくこう口にしていた。

「わが派には、総理総裁候補が3人いる。一に二階堂（進）、二に江崎（真澄）、三に後藤田（正晴）ということだ」

派内の中堅・若手から支持の強かった竹下登への評価は、「状況により、後藤田の次」という扱いのようであった。

なぜ、こうした順序だったのか。当時の田中派長老議員の一人が言っていた。

「まず、炯眼《けいがん》の角さんは、この順序でこそ派内がガタガタせず、収まると読んでいた。その裏には、トップリーダーは〝才〟より〝徳〟を重視したことがある。とりわけ、何事にもソツがなく、才気にあふれた竹下を警戒、敬遠したのが特徴だった」

田中が病魔に倒れたことで、結局、田中によるこうした順序は果たされず、竹下が事実上、田中派を率いた形で後継者のイスに座った。しかし、竹下は田中の〝危惧〟通り、その後「リクルート事件」で躓《つまず》き、2年足らずで政権を追われている。「才の人」を警戒した田中の炯眼が、光った瞬間でもあったのである。

禅の高僧・村上素道の散文詩にもある。

「『徳の人』は大将の器なるべし。『才の人』は補佐役たるべし」

後継者を選ぶトップの見識とは、才気が先走るような人物、すなわち「なりたい奴は外せ」ということになるようである。

攻めに入ったときこそ、勝負勘が求められる

田中角栄の権力抗争は負け知らず、連戦連勝であった。その背景には、情報分析の凄さの一方で、田中一流の「勘」があった。「ここは絶対に譲るな。長年のワシの勘

だ。いい加減なもんじゃないぞ」が、口癖でもあったのである。

なるほど、政治家に限らずあらゆるリーダーは、勝負勘によって物事の展開を読み切らなければならない場面が随所にある。長く政界の抗争を見てきた筆者からすると、田中が言うように、とりわけ〝攻め〟に入ったときは、勘のよし悪しが明暗を分けることが多いのを知るのである。ただし、〝守り〟を重視するときは、むしろ勘を前面に出さないほうがいいようでもある。

社内抗争、ビジネスでの交渉もまた同じと、田中は教えているようでもある。

数字と統計。この二つは極めて有力な説得材料になる

田中角栄は、情にもろいという一面があった。感情に左右されることが多いとも言われた。そうした一方で、じつは極めて論理的なリーダーでもあった。若いときから数学が得意で、本来は理系の人物と言ってよかったのである。政治部記者が言っていた。

「どういうものか、数字を見るとすべてがパッと頭に入ってしまうそうだ。大蔵大臣のときでも、予算書をはじめ数字の羅列の資料は、一目見ただけで脳裡に刻まれたと言っていた。田中は言っていた。『数字を覚えるのは、彼女の電話番号を覚えるのと同じ。スッと頭に入るのだ。数字を見ていると、風邪も治ってしまうくらいだ』と」

一方で、選挙などでも、数字を基礎とした統計を重視した。統計を下地に現況を分

析すれば、選挙での当落はおおむねはじき出されると自信を示してもいたのである。

田中は言っていた。

「ワシの演説を、皆、楽しんで聞いてくれるが、じつは話に信頼感があるからだ。ここでの信頼とは何か。数字をキチンと示すことにある。数字と統計だ。これに優る説得力はない。極めて有力な説得材料になる」

物事の合理的処理には数学が役立つ

ＡＩが席巻するようなＩＴ社会になると、人間関係のヘタな情実は通用せず、合理性がより重んじられることを頭に入れておいたほうがいい。田中角栄によれば、そうした合理性を高めるには数学により興味を持つことがいいと言っているようなのだ。

何事も簡潔、迅速、合理的に処理することを旨としていた田中は、常々こう言っていた。

「ワシのことを決断が早いなどと言うが、これは子どもの頃からだ。算数、数学が好きで、数字を見ているだけで、その頃から風邪なんて一発で吹き飛んでしまうくらいだった。

大体、どんな難しい話でも、ポイントは一つか多くても二つくらいなもんだ。そこをより分けるには、数学的にドライに処理していくのが一番いい。物事を簡潔に処理できないリーダーというのは、あり得ない。合理的に処理できない奴が組織を束ねていくことなど、できるわけがないということだ。リーダーとは、本来そういうものだ」

リーダーにも誤りはある。素直に謝ったほうが得策だ

「そのうえで、約束は果たすことである」

超頭脳、目配りの利いた田中角栄ではあったが、時には誤りもあり、これ多忙で鳴った人だけに、ちょっとした物忘れもたまにはあった。

田中派最高幹部にして自民党幹事長、内閣官房長官などを務めた二階堂進は、自ら「趣味は田中角栄」と言ってはばからなかったほどの〝田中ファン〟でもあった。この二階堂が、なぜ田中にホレたのかについて、こう話してくれたことがある。

「昭和38（1963）年、私がまだ衆院の商工委員長のとき、田中さんは大蔵大臣だった。日本貿易振興機構（ジェトロ）会長から5億円の政府予算を頼まれ、田中蔵相のところへ頼みに行った。田中さんは二つ返事で、『よしッ、出そう。これは男の約

束だ』と言った。ところが、いざ予算案の内容を見ると、これが入っていない。私は大蔵大臣室へ乗り込み、『おかしいじゃないですか』と詰め寄った。すると、田中さん『おっ、入ってないか。すまん』と言うと、その場で大蔵省の幹部を呼びつけ、政府と党に出す印刷物を刷り直させてくれた。まぁ男の約束を果たしてくれたというわけだが、これこそが信頼に足る人物として、以来〝趣味〟になってしまったということなんだ」

素直であることは、何より人に好かれる。「約束を守れる人物」ともども、これも男の大きな器量と言える。

やぁやぁ、本当にすまんなァ

この言葉が素直に使えないようなリーダーは、部下からの強い求心力は得られないし、リーダーへの印象もまたイマイチということになる。

「ころし文句」とは、端的な言葉一つで相手の心をわしづかみにし、気持ちをぐっと引き寄せてしまうセリフを指す。男性読者なら、彼女を口説くとき「キミに会って運命が狂った」など、歯の浮くようなセリフを吐くこともあったのではないか。相手も悪い気はしない。これが、「ころし文句」ということである。

この「ころし文句」、基本的には相手のものの考え方や、長所に同調したりでのなかで使われることが多いが、勝負どころは〝一発〟でキメられるかどうかとなる。クドクドやられては、彼女にとって身もフタもなく、むしろ逆効果になる場合が多いことは言うまでもない。

田中角栄は、ある意味でこの「ころし文句」の権化のような人物であったと言えた。巧まずこれが出、多くの人がトリコになったものである。田中派担当記者の証言がある。

「例えば、選挙のときなど田中派秘書軍団の多くが一堂に集まり、深夜まで同派議員の選挙の下働きをやっている。そこへ、ひょっこり田中が顔を出してねぎらうんです。『やぁやぁ、お疲れさん。本当にすまんなァ』と。**夜中にわざわざ超多忙、大実力者の田中がここまで気遣いをしてくれる。秘書たちは、一発で参ってしまうわけです。**こうした話は、ゴロゴロあった」

ちなみに、父親のDNAを引いたか、娘の田中眞紀子（元外相）も、なかなかの「ころし文句」の使い手だった。演説、挨拶では、例えば「私は同じ人間として、皆さんと一緒にここに生きている。だから、心を一つにして日本をよくしたいんですッ」など、その場の空気を読んで一気に聞き手の心を取り込んでしまったものであった。

「ころし文句」の一言は、一時間の説得、話に勝ることを知りたい。

「主張4割・聞く耳6割」の姿勢で行け

田中角栄は自民党幹事長時代に力をつけ、これを弾みに首相の座へ駆け上がっていったことは知られている。

その幹事長時代は、日韓条約、大学紛争などに絡む法案などで、常に与野党対決状態であった。しかし、野党の強硬議員に、田中は徹底して次のような姿勢で臨んだものだと、自らこう言っている。

「野党の言い分には、譲るべきは譲って6割は聞く。自民党の主張は、4割にとどめた。これが、ワシの野党対策、国会対策だ。大事なことは、絶対に譲れぬところは必ずこちらの落としどころに落とすということだ。損して得とれ、ということだ」

ビジネス社会でも、それなりのポストにある者は、それぞれそのポストにふさわしい結果を出さねばならない。田中はそうした場合、キモは4割主張し、相手に6割耳を貸してやるくらいでうまくいくとしている。

何事も聞く耳を持つことは、主張するよりははるかに効果が期待できると知っておきたい。

よし、分かった。相談に来い

仕事で行き詰まった、私生活でニッチもサッチもいかなくなった、しかし自分一人ではもはやお手上げだ。こんな切羽詰まった部下を前にして、上司、さて何ができるかである。知恵、秘策、もっと言えば物事の〝抜け道〟を教えられる能力があるかどうかとなる。

ここでの〝抜け道〟とは、「獣道《けものみち》」を教えるということになる。山や森で、サル、シカ、イノシシなどの動物が通ることで自然に付けられた道が、「獣道」である。人が山や森で迷っても、この道を見つけられれば人里に出られ、一命を取り止められるという可能性がある。

政界でも選挙のカネが足りない、スキャンダルにはまり込んだ、しかし派閥の親分、親しい議員に相談してもラチが明かないといった万事休すのとき、議員の多くが閃《ひらめ》くのが、「困ったときの角頼み」であった。

元来が頼まれ事の好きだった田中角栄は、こうしたSOSの電話、手紙が来ると、よほど箸にも棒にもかからない相手は別にして、「よし、分かった。相談に来い」とやった。カネの支援はもとより、行き詰まり打開のためにどこをどう押せば前に進めるか、〝極秘ノウハウ〟を伝授するのである。女性スキャンダルでヒイヒイ言っている若手議員などには、仲に入る人物を紹介したりなど、物心両面で示唆と援助を惜しまなかったということである。

かつて田中派の渡部恒三は、こんな証言をしていた。

「田中先生は、**本当に困った相手には、敵味方関係なく助けていた**。時には、『獣道』も教えていたということだ。こうして敵を味方にし、城を増やしていったということだ。まさに、秀吉の〝手法〟に似ていた」

「獣道」とは、〝生きるための知恵〟と言い換えてもいい。部下などに「獣道」を教えられて、初めてリーダーの器と言えるかも知れないのである。

ワシが勝手にお節介をやいたことにしておけ

昭和44（1969）年から翌年にかけて「言論出版妨害事件」というのが大きな話題になった。公明党が政治評論家の藤原弘達による『創価学会を斬る』という本の出版にあたり、この藤原に出版中止の〝圧力〟をかけたというものだった。当時の創価学会会長の池田大作に対する、国会証人喚問の要求まで出たものであった。両者の間はこじれにこじれ、公明党は当時「日の出の勢いの幹事長」の声のあった田中角栄に仲裁を頼んだ。田中はたびたび藤原に接触、汗をかいたが、藤原が「（公明党が依頼した）田中幹事長からの圧力があった」と語ったことなどで、いよいよ公明党は窮地に陥ったのだった。

「なんとかならないか」と、なおも泣きつく公明党幹部に田中が発したのが、「しゃあないな。そんならワシが勝手にお節介をやいたことにしておけばいい」の言葉だった。

結局、この事件は「田中がお節介をやいた」ということでウヤムヤになったが、助かったのは公明党とその支持母体である創価学会だった。

やがて、創価学会の池田会長（当時）は、公明党の幹部にこう語ったとされている。

「田中さんへの恩義を忘れてはいけない。いつか総理にしてやりたい男だな。面白い政治をやるかも知れない」

「情けは人のためならず」。人の失敗を背負ってやるという、上に立つ者の男気、器量を示すエピソードである。その後、長く田中と公明党の「蜜月」状態が続いた。田中が首相になり、一気に日中国交正常化を果たしたが、その先兵として中国に渡って根回しに動いたのは、当時の公明党委員長の竹入義勝だったのである。

タイよりイワシだ。あれの焼きたてが一番うまい

昭和53（1978）年、田中角栄の母・フメが88歳で亡くなった。筆者は新潟の田中の実家での葬儀・告別式の模様を取材したが、まず当日、実家の前に並んだ政財界歴々の花輪の大行列に、ド胆を抜かれた思い出がある。「実家の近隣市町村から、すべての花が消えた」とも、言われたものである。折から「スト権スト」で鉄道が止まるなか、田中派からは、東京から最高幹部の二階堂進をはじめ数十人が車ではせ参じ、参列していたものだった。その葬儀・告別式の前日である。取材をすると、田中の姉と田中の間にはこんなやりとりがあったのだった。

「折角、先生たちに来ていただくのだから、いま一番おいしいタイでも出しましょうか」と姉。ところが、田中はこう切り返したというのである。

「なに、タイだと。タイなんて、奴らは毎日食っている。珍しくもない。イワシにしろッ。あれの焼きたてが、いま一番うまいんだ」

これに対し、姉は「イワシなんて恥ずかしくて人前に出せない」と首を横に振ったが、田中は「それでいいんだ。イワシだ」と押し切ってしまったというのだった。

当日の朝、田中の実家の広い庭は、あちこちから上がる煙に包まれていた。庭に支援者の主婦たちが〝七輪〟を持ち寄り、いっせいにイワシを網で焼き始めたからであった。筆者が見た限り、七輪の数は少なくとも十数個はあった。この焼きたてのイワシを、座敷で議員らは顔をほころばせながら口にしていた。あちこちから「こりゃあ、うまい」といった声が聞かれたものだった。

なかの一人の若手議員が言っていた。

「田中先生の発想は、一見、常識とかけ離れているように見えることも多いが、こうしたイワシも確実に皆さんに喜んでいただいているから驚きです。これがタイだったら、なーんだということで終わりです。田中派に集まった人たちは、こうした先生の発想の豊かさに惹かれている部分も多い。常に合理的にモノを見るというのが、先生の〝発想の転換〟の真髄ということなのです」

すべての責任はこの田中角栄が背負う。以上！

あらゆるリーダーに求められる姿勢は、田中角栄が昭和37（1962）年に大蔵大臣に就任したときの、エリート中のエリート官僚として知られる大蔵官僚を前にした〝伝説のスピーチ〟として知られた、就任演説の、この言葉に集約されている。

「私が田中角栄であります。皆さんもご存知の通り、高等小学校卒業であります。皆さんは全国から集まった天下の秀才、金融、財政の専門家ばかりです。かく申す私は素人ではありますが、トゲの多い門松をたくさんくぐってきており、いささかの仕事のコツを知っているつもりです。これから一緒に国家のために仕事をしていくことになりますが、お互いが信頼し合うことが大切だと思います。したがって今日ただいまから、大臣室の扉はいつでも開けておく。我と思わん者は、今年入省した若手諸君も遠慮なく大臣室に来てください。そして、何でも言って欲しい。**上司の許可を取る必要はない**」とし、「以上！」の言葉で結んだのであった。

やがて、初めは軽く見ていたエリート官僚たちも新大臣の能力の高さに心酔、田中のもとで財政の舵取り、日本経済の成長へ向けて汗をかいたのだった。

リーダーかくあるべしの、名スピーチと言ってよかったのである。

「引き際が大事だ」。親父のその言葉は分かっている

「人を見る明」の最大のメルクマール（指標）は、「出処進退」とりわけ「退」の姿ということになる。ビジネスの世界でも政治の世界でも「退」で失敗し、それまでの業績、実績を台無しにしてしまう人物が多々いる。その背景には、ここまで来たのだから影響力を残しておきたいとの欲、未練がましさがあることが大きい。哀しい人間の性《さが》ではある。

そうした出処進退の原則論を掲げたのは、田中の郷里・越後長岡（新潟県）藩の家老・河井継之助だった。

いわく、「進ム時ハ人マカセ。退ク時ハ自ラ決セヨ」である。とくに、「退」については、人に相談することは茶番だとした。相談すること自体、ポストへの未練を広言

しているようなものだとしたのである。

田中角栄の牛馬商だった父・角次は学問はなかったが、人の生き様には厳しい目を持っていた。昭和22（１９４７）年４月の総選挙で初当選を飾った角栄に対し、息子の成長を喜ぶ一方で、「政治家は引き際を大事にせよ」とクギを刺していたくらいだった。

田中は金脈・女性問題、ロッキード事件で「退」には躓いたが、長く秘書を務めた早坂茂三に、「親父（角次）のそうした言葉は忘れたことがない」と、問わず語りに口にしたそうである。

なるほど、田中はたとえば金脈・女性問題でも反論し、いささかは政権の座をねばれたものの、ほどほどのところで退陣を決断している。二階堂進などは、「田中さんは意外とあっさりしているんだな」と口にしていたものである。

ハラをくっての「退」なら、再び大きな仕事へのチャレンジの可能性もまたでてくるということでもある。

第四章

部下を育てる

〈「人材育成」鉄則編〉

——「叱る」は「怒る」にあらず

世の中は白と黒ばかりではない。真理は常に中間にありだ

田中角栄はそのあとに、「**敵と味方ばかりではない。その間にある中間地帯（グレーゾーン）が一番広い。そこを取り込めなくてどうする**」と続けた。

学歴は尋常高等小学校卒。血のにじむような努力で這い上がり、やがて首相のイスに座った田中角栄の人生観、実感が溢れている言葉である。田中はさらに続けて、よくこうも中堅・若手議員に言っていた。

「その辺が分からん奴が、天下など取れるわけがない」

「真理は常に中間にあり」とは、どういうことなのか。

あらゆる組織というものは、自分を支持してくれる人間が一握りはいる。他方、人の言動すべてが気に入らずの、何でも反対派がやはり一握りはいる。その間に、利あれば付くし損ならば離れるという〝日和見〟の連中がいる。この層が、田中によれば、「中間地帯（グレーゾーン）」となる。

一方で、この「中間地帯」はじつに広大だ。これは、様々な人の考えが入り交じる大衆という言葉に置き換えてもいいかも知れない。しかし、この大衆を侮るなかれである。ドッと動けば、「世論」となる。それを取り込めれば、支持の輪を広げることができるということである。

田中は人の好き嫌いに目を瞑《つぶ》り、巧み巧まざるの形で一貫してこの大衆の取り込みに腐心、自民党内の多数の支持を集めて首相のイスに座ったということでもあった。大衆とは、まさに「世論」ということでもある。田中は中堅・若手議員に、こうも続けていた。

「バカになってでも、周りへの目配り、気配りを忘れるな。他人の意見に耳を傾けてやれ。我を通すだけが能じゃない」

人材育成の至言は、「真理は中間にあり」を知ることにありそうである。

気持ちが高ぶる仕事ができなくて、何が代議士か

田中角栄の選挙区〈旧新潟3区〉の小千谷市塩谷地区に雨乞山というのがある。戦後しばらくは、この地の小学生などはどんな大雨でも、この険しい山道を越えていかなくては学校にも行けなかった。妊婦は病院へ行くため、大八車でこの山を越える途中、流産を余儀なくされるといった具合であった。

やがて、この不便を少しでも解消するため住民自らツルハシを振るって隧道《ずいどう》を掘っ

たが、このさなか落盤に見舞われ、働き盛りの若い衆の犠牲も出たのだった。

時に、田中はこの塩谷地区が戸数も少なく、票にならぬことを承知の上で、選挙のたびにこの地に入り、住民の苦労に頭を痛めた。隧道補修のための予算を取ってやったり、なにくれとなく汗をかいたものであった。

初当選では、この塩谷地区から出た田中への票はたった3票だったが、1972年7月、田中はやがて首相の座に就くと、手掘り隧道の隣りに、コンクリートづくりの「新塩谷トンネル」の建設に着手させたのだった。時に、戸数わずか60戸〝辺境の地〟に、田中は調査費、事業費合わせて約12億円の予算と、その後およそ10年もの時間をかけてこのトンネルを完成させた。

この予算付けの際、建設者からは費用対効果の面から過剰投資との声も出たが、田中はこう言って押し切ったのだった。

「バカを言うなだ。命をつなぐ道に、人数で差がつくか。親、子、孫がこのトンネルを通る。そして、皆が故郷を愛するようになる。それをつくるのが政治家の仕事、政

治の役目だ。法律、予算とは、そのためにあるものではないのか」

　後年、田中の秘書だった早坂茂三は、筆者にこう言っていた。

「オヤジ（田中）さんは、若い田中派の議員に向かってよく言っていた。『選挙区でよくオレは総理になるなんて言ってる奴がいるが、てめえにナニができるというんだ。そんなヒマがあるなら、選挙区をトコトン歩け。歩いてはじめて、政治家として困っている選挙区のために自分が何をやらなければならないかが分かる。徹底的に勉強してみることだ。気持ちの高ぶる仕事ができなくて、何が代議士か』と」

　ビジネスマンとて同様、時には損得度外視、会社のために〝高ぶる仕事〟ができてはじめて一人前ということかも知れない。

信用の第一は、時間を守れるかどうか

「時間にルーズで大成した者はいない」

田中角栄は、ことのほか「時間」に厳しかった。自分も約束した時間は1分たりともおろそかにしなかったが、他人にもそれを要求した。時間の守れぬ人物は、結局、何をやってもいい加減、中途半端でダメだと、人を見る大きな目安としてこう言ったのだった。

昭和40年代半ば、のちに農水相をやることになる、当時、田中派の1年生だった佐藤守良という代議士は、田中にこんな〝一喝〟を食らった思い出がある。佐藤が言っていた。

「私が経済界とのパイプが乏しかったことから、オヤジ（田中）さんに六本木の料亭で当時の日本商工会議所会頭だった永野重雄さんを紹介していただくことになった。私が約束の時間ギリギリに座敷に入ったら、すでにオヤジさんが憮然とした顔で座っている。オヤジさんより遅かった私は、『申し訳ありません』と畳に頭をこすりつけ、そのまま永野さんが現われるまでついぞ頭を上げられなかった。オヤジさんのあのときの恐ろしい顔は、無言で私に世の中の〝筋〟というものを教えたと思っている。若いおまえが先に来て、お客さんを待つのが当たり前だろうと。以後、時間に対する厳しさは私の人生哲学にもなった」

社会、組織の中で大成した者で、時間にルーズな人物はまずいないことを知っておく必要がある。

大成したければ、大将の懐に入ることだ

例えば、優秀なビジネスマンが、「オレには、いつか必ず上司が目を付けてくれ、引き上げてくれるだろう」などと思ってみても、なかなか自分の思惑通りにはいかないのが世の常だ。〝近道〟は、あるのか。田中角栄は、「大成したければ大将の懐に入ることだ」と言っている。そして、自らもそれを実践してきたのだった。

田中が国政に出た昭和20年代は、政界は官僚出身者が幅を利かせ、ましてや学歴が尋常高等小学校卒ではなかなか相手にされなかった。時の最高権力者は吉田茂（元首相）、田中はこの吉田に目を付けたのであった。

田中は初当選早々にして、行動力に富み、早々に国会での発言も若いのに卓説を見せつけるなど存在感を示していたが、その一方で吉田側近の広川弘禅という宗門出身

議員に接近、サイドから吉田を攻める〝手法〟も用いたのであった。

　こんなエピソードが残っている。宗門出身ではあったが、広川はじつはなかなかのナマグサであった。趣味は、浮世絵などの春画の収集であった。ここに目を付けた田中は目もあやなトビキリの春画を手に入れると、これを広川にプレゼントしたのであった。広川は大いに喜び、以後、何かと田中をかわいがるとともに、一方で田中の優秀さも親分の吉田に伝えたのであった。

　やがて、その田中の政治的能力の高さを認めた吉田から声がかかった。

「あの元気な奴を、どこかの政務次官にでも就けるように」との党幹部への厳命であった。この〝鶴の一声〟で、田中は法務政務次官のポストに就くことができ、ここで初めて吉田門下生であることを認知された格好になったのだった。

　田中はこのポストでは「炭管事件」で躓きはしたが、吉田を頂点とする政界を差配する「保守本流」入りを果たし、やがてその流れの中で実力者への階段をのぼることに成功したものであった。ちなみに、田中いわく「**ボケッとしているようでは、出世**

は難しいぞ」との言葉もある。

「第一級情報」こそ、権力そのものである

先の大将の懐に入ることのメリットは、例えばポストを配慮、勘案してもらえるチャンスがあると同時に、「第一級情報」に接する機会が増えるということがある。

田中角栄は、こう言っていたことがある。

「大将というのは権力そのもので、あらゆる第一級情報が入ってくる。**大将以外には、ろくな情報は入らない**。第一級情報を分析すれば、おのずと自分の置かれている立場、やるべきことの方向性が分かる」

すなわち、「第一級情報」こそ権力そのものにあり、商談なども含めて、これを持

たぬ〝戦争〟は武器を持たぬそれと同義語で、勝ち目は薄いと知りたいのだ。また、いくらエラそうにふるまっていても「第一級情報」と遠いところにいるような上司には、部下ならば早々に見切りをつけたほうが得策かも知れないということになる。

人生は50歳までで勝負が決まる

田中角栄は政治を志す人間に限らず、口癖のようにこの言葉を若者たちに説いたものであった。

例えば、サラリーマン。会社のためと励んできたが、50歳を越えるところで大きな曲がり角に立つ。定年を見据えると、このあたりで自分が重役になれるか、その手前で定年を迎えることになるかが、おおむね見えてくるということである。別に重役になろうが部長止まりだろうが、人生の幸福度とは大差はないと思われるが、このあたりはサラリーマンとしてはまさに〝人生の曲がり角〟ではあるようだ。

　そのうえで、田中は「人生は50歳までで勝負が決まる」としたのだった。

　ここでの「勝負」とは、何か。

田中の秘書だった早坂茂三が、こう言ったことがある。

「オヤジ（田中）さん自身は、若い頃から50歳を目標に自分の政治人生が決まると定めた。そのために、あらゆる努力をし、泥水も呑んだ。そのうえで、異例の44歳という若さで大

蔵大臣に就任したとき、50歳での目標がぼんやり見えてきた。いよいよ天下取りだ。そして、54歳でその目標点に達したということだった。

田中は若手議員によく言っていた。『何のために政治をやっているのか、何ができるのか。軽々しく**〝総理になりたい〟などと、間違っても口にするな。50歳を目安に、とにかく地道にひたすら勉強、努力するっきゃない。**そういう中で、自然に風格も人脈もできてくる。ダメな奴は、そこまでだ。上へ行く奴は、そのあたりで決まるものだ』と」

結局、努力、勉強だ。これが「運」をとらえるキッカケになる

この言葉に続いて、田中角栄は次のような「運命論」も口にしていた。

「私も初めは政治家になるとは思っていなかった。日曜日に魚釣りに行って、ああ川の流れがきれいだし、景色もまたいい。それでついに住まいをそこに構えてしまったために、魚屋になってしまった。そんな感じで、政治家になってしまったとも言える。議員というものは、努力、勉強すれば、大臣、幹事長まではなれる。しかし、総理総裁となるとそういうわけにはいかない。それは〝運〟による。

まあ、人の一生はやはり〝運〟かも知れない。しかし、結局は、努力、勉強だ。こういったものが、〝運〟をとらえるキッカケになる。そのうえで、〝運〟を変えて見せるという気概も不可欠だ。私は、『腐った橋を渡っても、橋は自分が渡ったあと落ちる』と信じてきたもんだ」

「強運」「ツキ」というものは、努力、勉強の積み重ねの中で、ある程度たぐり寄せることができると言っているようでもある。

苦しいときに逃げ出す奴は、何をやってもダメである

田中角栄は、もとより平坦な人生ではなかった。若い頃の辛苦はいやというほどし、政治家となってからも炭管事件で逮捕、法務政務次官のイスを失った。また、首相の座についたものの金脈・女性問題で退陣を余儀なくされ、「ロッキード事件」では〝潔白〟を主張しつつも逮捕、収監され、長い裁判生活を余儀なくされたといった具合だ。

そうしたなかで、佐藤（栄作）政権下で自民党幹事長として力をつけすぎた田中は、自らの足元を揺るがすとして佐藤に警戒され、幹事長ポストをはずされたこともあっ

た。幹事長更迭は自分にとくに瑕疵《かし》があったわけではないだけに、ふつうならここで大いにクサるところだが、田中は一味違っていた。

新しいポストは党の「都市政策調査会」の会長で、田中にとってはまったくの閑職と言ってよかった。会長就任は昭和42（１９６７）年3月、首相の座を奪取することになる5年ほど前である。

田中はこの約1年間にわたる「雌伏のとき」を逆手に取り、むしろ次へのステップの栄養にしてしまったのである。閑職ゆえにたっぷり自由に使える時間を、将来に向けてなんとも有効に使ったということだった。

まず、優秀な中堅・若手の国会議員、官僚、自治体の首長などをピックアップし、勉強会を立ち上げ、のちに天下取りの際に掲げた「日本列島改造論」の下地となる「都市政策大綱」をまとめ上げたのである。これは自民党内、メディア各社共々から大きな脚光を浴び、「田中政権」への期待を高めることに成功したということだったのだ。

後年、田中は言っていた。

「苦しいときに逃げ出す奴、うなだれている奴は、何をやってもダメだろう。**置かれた立場で、全力を尽くしてみろ。どこかに、必ず光明が見えてくる**」

田中はこの〝手〟で、炭管事件の苦境を乗り切り（一審で無罪）、金脈・女性問題での首相退陣、ロッキード事件での裁判を引きずりながらもなお、最大派閥の田中派を掌握、権力の座を維持し続けたものであった。

「雌伏のとき」を単にうなだれて過ごすか、田中のように前向きにとらえて有効な時間とするか。

人生の分かれ道は、この辺にありそうでもある。

野心、思惑は誰にもある。問題はそれをどうコントロールできるか

どんな人間にも、多少の野心、思惑というものがある。人間の行動原理を左右する、重要な要因でもある。

田中角栄が全盛の頃、当時の田中派担当記者が言っていた。

「ある若手議員が、田中に叱られたあと、うなだれていた。聞くと、オヤジ（田中）さんから言われたそうなんだ。『おまえは野心、思惑がモロに言動に出ている。そんなことで、先輩議員にかわいがってもらえると思っているのか。それを**表に出さず、どうコントロールしていくかがまったくできていない。人脈などできるわけがない、**

人にかわいがってもらえるわけがないぞ』と。一方で、田中自身はそうしたコントロールは抜群だった。だから、人がついて来たということでもある」

野心、思惑が顔に出ているようでは、まだまだ一人前ならずと田中は言っている。

相手との「間」が取れないようでどうする

「イノシシのような一本調子では何事も前に進まない。相手にされない」

とりわけ最近の若者は、周囲との「間」、ほどよい「距離」を取ることに無頓着、ヘタである。〝自己チュー〟というヤツである。

タクシーに乗る。うしろに車が連なっているのに、降りる段になってようやく財布を出す。バスに乗るときも同様、乗ってから初めてバッグから「スイカ」などのＩＣカードを取り出すといった具合だ。うしろの車、列に並んでいるうしろの人のことは、まったく考えていないということである。事前に、用意くらいしておいたらどうだということだ。

　また、リュックサックを背負ったり、大きなバッグを担いで混んだ電車に乗る。リュックに押されたり、バッグをぶつけられる人の痛みが分からない。あるいは、人との会話でも、相手を斟酌《しんしゃく》しないで自分を前面に出す。すべてにおいて、自己主張の一本調子ということである。

　これでは、人にかわいがられない。〝大人〟としては、見てもらえない。田中角栄は先の言葉で、若手議員などをよく諫めたということである。

　とくに、若い人なら、組織の中で周囲との「間」「距離」の取り方に神経を使ってみることだ。自分の〝物差し〟は、他人のそれとは必ずしも一致しない。まず、それを引っ込めてみることだ。物事は、うまく運ぶことが多い。それが社会で伍していくための、若者の「通過儀礼」と言ってもいいのである。

部下の苦衷を察してこその上司

例えば、田中角栄のもとにいささか元気のない田中派若手議員から、「少しお時間を頂けますか」と、遠慮がちな電話が入ることがある。

田中はもとより、田中派議員すべての選挙の情勢から、政治資金の調達方法まで、知り抜いていた。部下を掌握するためには、その人物すべてのあらゆる情報を把握しておくのが上司の要諦だ。そのうえで、苦労人の田中は、相手に会った瞬間、その顔色を見て何を要求しているかを見破る能力があった。

早坂茂三元秘書から、筆者はこんな話を聞いている。

「オヤジ（田中）さんに会いたいとしてやって来る**田中派若手議員などは、向かい合った瞬間、なんの用で来たか、即、見抜かれていた。**オヤジさんの話が本題に入る前の二言、三言のなかで、すべてを見抜かれてしまうのだ。資金支援の要請でも、『言わんでええ』と制して、黙って相応のカネを渡していたものだ。

　オヤジさんは、言っていたね。『部下が何を言いに来たかが分からんようで、派閥の親分が務まるワケがないだろう。部下の苦衷を察してこそ上司ということではないか。とくに、カネの援助の申し出は、誰だって恥ずかしいものだから、相手に全部言わせるようなことじゃ派閥のリーダーなんて務まらん。どの世界でも、物事を察してやることができなくて部下が付いてくることはない』と」

　苦労人らしい田中像が浮かび上がるが、先手を打って相手、部下の心中を察して心を摑んでしまうことができてこそ、「一流の上司」ということになりそうである。

人間は親の葬儀を経験して初めて一人前になる

人間が最もつらい立場に立つのは、肉親との別れである。とくに、自分を育んでくれた親とのそれは格別である。それまで何やらポカーンと生きてきた者も、親との別れに直面すると改めて身が引き締まる。どことなく、これまでの自分でよかったのかの思いにひたるということである。

超多忙の中、田中角栄は他人の葬儀には万難を排し、駆けつけたことは知られている。誰よりも、死者とその遺族の悲しみに心を配ったということである。前述したように、**亡くなって本葬まで一週間、供花が枯れては遺族もつらかろうと、途中でまた**

遺族に新しい花を届けさせたというのもこういうことであった。一度の供花なら、誰でもやる。しかし、ここまで気配りできる人物は、あまり例を見ないのである。

さて、そのうえでの親との別れである。田中は痛切極まりない中で、これを経験して初めて一人前になるのだと力説した。親の葬儀を経験して、それまでの凡々とした人生に、初めて目が覚める例は少なくないのである。

田中は早坂茂三元秘書が父を亡くしたとき、早坂を北海道・函館の実家の葬儀に送り出す際にこう言った。

「あとのことは心配するな。親父さんを盛大な葬儀で送り出してやれ」

早坂が最後まで田中に心酔し続けたのは、分かるような気がするのである。

人間の脳は数多いモーターの集まりである

「ふつうの人間はその中の10個か15個のモーターを回していれば生きていける。しかし、努力すればモーターは何百個、何千個と動かすことが可能だ。それには勉強、勉強しかない」

田中角栄はこの言葉を、出身校の新潟県刈羽郡の二田尋常高等小学校の元校長、その後も教育者として県下に知られていた草間道之輔から聞き、以後、脳裡に刻んでいた。政界入りしたあとも、自らの演説、スピーチでよくこうした言葉を口にしていたものである。要は頭は使えば使うほどよくなる、だから勉強を欠かすなと言っている。

田中は高等教育は受けていないが、じつはそれを補うために幼少の頃から猛勉強に明け暮れている。向学心の固まりであった。小学校在学中にすでに明治・大正文学全集を読破、姉たちが読む婦人雑誌まで読みふけった。また、漢詩にも興味を持ち、これを書き写すこともやった。色紙にしたためた字を、書家に絶賛されたこともある。

さらに、15歳で上京してからは、仕事でクタクタになりながらも旧制中学の講義録を取り寄せて独学、一方で夜は中央工学校、正則英語学校、錦城商業学校などを渡り歩き、さらに勉強を重ねている。英語辞書の「コンサイス」は一頁、一頁暗記しては破り捨てたほどでもあった。長じて戦地に応召されたときも、早稲田大学の講義録を持参、日々、目を通していたものだった。まさに、「何百個、何千個のモーター」を全開させた勉強ぶりだったということだった。

そうしたことが、持ち前の頭脳明晰と相まってやがて田中の代名詞となる「超記憶力の持ち主」「コンピュータつきブルドーザー」となり、これを武器に縦横の政治的能力の発揮に結び付いたということであった。

田中はいささか生意気な若手議員に、こう言っている。

「おまえは口は達者だが、勉強が足らん。大した勉強もせんで、有権者の前で総理を目指すなどと言うのは恥ずかしくないか。勉強、勉強を積んだうえでモノを言うことだ」

〝怠け者〟が出世する例は、ゼロに等しいと知るべきだろう。

学校の休みの多いのは反対である

「小・中学校の週休二日制なんて反対だ。サーカスの動物だって、一日ムチをやらねば一から出直しになってしまう。子ども時代の教育こそが、人間をつくる」

田中角栄はこの言葉同様、たびたび子どもの教育にも言及している。次代を背負う、社会に通用する人間は、子どもの頃の教育で大きく左右されると言っている。

昭和53（１９７８）年7月、田中は新潟県長岡市での自らの強大無比の後援組織

「越山会」の婦人部総会で、いかにも田中らしい笑いありの「角栄節」で、こう説いている。

「皆さんッ。いま東京では、（会社の）週休二日制をやってはどうかと言っている。私は反対だねェ。これを止めてだ、夏か冬にまとめて休ませたほうがいいんです。都会の狭い鳥カゴみたいな家に、大きなお父さんが土曜もゴロゴロしていたら、おっかさんはこれはたまったもんじゃないねェ（笑）。それに加えて、小学校や中学校まで週休二日制にしろなんていうヤツがいるんだ。このうえ、子どもまで土曜、日曜とまとわりつかれたら、おっかさんは生きていられなくなってしまうわねェ（爆笑）。

私は、子どもの週休二日なんて絶対反対だッ。子どもは、毎日教え込まないとダメなんです。サーカスの動物だって、一日ムチをやらないと一から出直しどころか、訓練そのものがパーになっちまうんです。子どもも、同じ。一週間に二日も休んだら、元に戻ってしまう。

子どもの教育は、本当は土曜日もみっちりやるべきです。そして、休むときは夏、冬、各45日くらいずつ休ませたほうがいい。この間、小さな子どもは田舎に寄こせばいいんだ。ジイサンやバアサンと遊んで、自然の昆虫や動物に接して本当の自然教育を実体験で行うんです。いまねェ、東京の子どもに『バッタはどこにおるんだ』と聞くと、『三越デパートだ』なんて言うんだ。そんなバカなことがあるかッ（爆笑）。教育ということを間違えてはいかん。子どものときの教育こそが、人間をつくるんです！」

「三つ子の魂百まで」ということわざもある……。

「バカヤロー」

「しかし、おまえなかなかだな」

幻冬舎新書の新刊

24.01

GS

表示の価格はすべて税込価格です。

新刊

宗教と不条理

信仰心はなぜ暴走するのか

佐藤 優

本村凌二

日本人は宗教の本質を知らない

宗教的確執を抱えるロシア・ウクライナ戦争や、イスラエル・ハマス戦争が勃発。国内では安倍元総理銃撃事件が起こるなど、人々の宗教への不信感は増す一方だ。人を救うために生まれた宗教が、なぜ暴力を正当化しようとするのか？　国際情勢に精通した神学者と古代ローマ史研究の大家が、宗教に関する謎を徹底討論。宗教が人間を幸福にするのに何が必要かがわかる一冊。

「日本人は無宗教」ではない／〝AI教〟が新たな一神教となる可能性も／キリスト教は「戦争の大義名分」に利用されてきた／「多神教は寛容で、一神教は非寛容」という誤解…ほか

●1056円

新刊

日本語の大疑問2

国立国語研究所 編

ふだん自由自在に扱っている（ように感じる）日本語なのに、一旦気になると疑問は尽きない。漢字から平仮名を生み出したのは誰？　「人々」の「々」は何て名前？　「老若男女」はなぜ言いにくい？　思わず答えに詰まる難問に、ことばの専門家集団が総力を挙げて挑む人気シリーズ第2弾。いたって真面目、かつユーモア溢れる解説で日本語研究の最先端が楽しく学べる！

●1056円

新・幕末史

グローバル・ヒストリーで読み解く

列強vs.日本

NHKスペシャル取材班

西郷隆盛、坂本龍馬、勝海舟らが主役となった幕府と反幕府勢力の戦いの背後では、世界の覇権を争うイギリスとロシア、そしてフランス、プロイセンなどの列強が、日本への影響力強化を目論み、熾烈な攻防を繰り広げていた。そんな中で日本はなぜ独立を守れたのか。国内外の最新研究や機密文書を踏まえ、黒船来航から戊辰戦争終結までの激動の十六年を描き出す。

●1210円

凡人のためのあっぱれな最期

古今東西に学ぶ死の教養

樋口裕一

妻が癌で逝った。61歳、1年あまりの闘病生活ののちの早すぎる死だった。家族が悲しみ、うろたえるなか、妻は、嘆かず恨まず、泰然と死んでいった。それはまさに「あっぱれな最期」だった。決して人格者でもなかった妻が、なぜそのような最期を迎えられたのか。妻の人生を振り返りながら古今東西の文学・哲学を渉猟し、よく死ぬための生き方を問う、珠玉の一冊。

●1056円

好評既刊

買い負ける日本
坂口孝則

2刷

半導体、LNG(液化天然ガス)、牛肉、人材といったあらゆる分野で日本の買い負けが顕著だ。買価が安く、購買量が少なく、スピードも遅いのに、過剰に高品質を要求する日本企業の体質が原因。過去の成功体験を引きずるうちに、日本企業は客にするメリットのない存在になった。調達のスペシャリストが目撃した絶望的なモノ不足と現場の悲鳴。日本企業の惨状を暴く。

●1034円

老いては「好き」にしたがえ!
片岡鶴太郎

4刷

役者業を中心に、絵画、ヨガ等の世界でも活躍する著者。還暦を機に離婚した現在は、「60代は体が元気に動く最後の時間」とし、終活はせずに自分のしたいことだけに情熱を注ぐ。常に挑戦をしてきた経験から、「何かを始めるのに年齢やセンスは関係ない」と断言。やりたいことの見つけ方から、自身も苦しんだ「男の更年期」の乗り越え方まで、〝老い楽〟の極意がここに!

●990円

80歳の壁
和田秀樹

60万部

人生100年時代だが、80歳を目前に寝たきりや要介護になる人は多い。「80歳の壁」は高く厚いが、壁を越える最強の方法がある。それは、嫌なことを我慢せず、好きなことだけすること。「食べたいものを食べる」「血圧・血糖値は下げなくていい」「ガンは切らない」等々。70代とはまるで違って、一つ一つの選択が命に直結する80歳からの人生。寿命をのばす「正解」を伝授。

●990円

80歳の壁［実践篇］
幸齢者で生きぬく80の工夫

和田秀樹

3.9万部

肉を食べるなら朝からがいい。よい睡眠のためには「夜牛乳」と「6分間読書」を。入浴は午後2〜4時が最適等々。お金も手間もかからない、ちょっとした工夫をプラスするだけで、あなたも「80歳の壁」を楽しく越え、人生で一番幸せな20年を生きる幸齢者に。大ベストセラー『80歳の壁』がさらに具体的に進化した、決定版・老いのトリセツ誕生!

●990円

異端の人間学
五木寛之　佐藤優

7.5万部

野蛮で残酷、時に繊細で芸術に過剰なまでの情熱を傾けるロシア人。日本と近く、欧米に憧れて近代化した似通った過去も持つ。だが私達は隣国の本性を知っていると言えるのか。欧米中心のヘゲモニーが崩れゆく今、ロシアを理解し得なければ、今後日本は生き残れない。60年代からソ連・ロシアと深く関わってきた二人の作家が、政治、文化、宗教まで縦横無尽に分析。

●858円

「頭がいい」の正体は読解力
樋口裕一

6刷

文章を読んで自分の考えをまとめる。会話で相手の意見に反論する。読解力はあらゆる場面で不可欠だが、正しく読み取れない日本人が増えている。読書量の不足やネット記事・短文SNSの普及が主な原因だ。本書では、問題を解きながら実際に言葉を使い、文章を書いて「語彙力」「文章力」「読解力」の3ステップで鍛えていく。現代人の必須スキルを磨く一冊。

●858円

好評既刊

ガザ
日本人外交官が見た　イスラエルとパレスチナ

中川浩一

2刷

いまだ和平の糸口が見えないハマスとイスラエルの衝突。彼らはなぜ憎しみあい、殺しあうのか？　パレスチナ人が70年も難民として生きる不条理を、なぜ国際社会は解決できないのか？　ガザに駐在し、PLOアラファト議長の通訳も務めた外交官が目撃した、この世の地獄とは？　歴代アメリカ大統領の計算、難民キャンプの実情など、日本人が知らないガザのすべてがわかる本。

●1056円

「人生、こんなはずじゃなかった」の嘆き

加藤諦三

2刷

どれだけ社会的成功を手にしてきた人でも、いつまでも自分が「すごい人間だ」と思い込んでいたら「裸の王様」になって孤立し、不満と後悔のうちに死んでいくことになる。人生を最後まで生き抜くのは大変な難事である。普通の暮らしに感謝する。他者との比較をやめ、執着しない——。人生の見方を変え、老いを輝かせて幸福を引き寄せる、高齢者とその家族必読の書。

●1034円

イギリス帝国盛衰史
グローバルヒストリーから読み解く

秋田　茂

十六世紀にはヨーロッパの二流国に過ぎなかったイギリス。それがなぜ世界を動かす帝国になり得たのか？　「ヒト・モノ・カネ・情報」を巧みに活用し、時代に合わせてしたたかに仕組みを変化させながら世界に君臨してきたイギリス帝国。本書は、その五百年にわたる興隆・繁栄・衰退の歴史を「グローバルヒストリー」研究からひもとく「新たな世界史」である。

●1540円

日本語の大疑問
眠れなくなるほど面白いことばの世界

国立国語研究所 編

7.1万部

毎日あたりまえに使っている日本語。だが、ふと疑問に思うことはないだろうか。そもそも漢字はいつから日本にあるのか？「シミュレーション」を「シュミレーション」とつい発音してしまうのはなぜ？　どうして犬年ではなく「戌」年か？　ことばの専門家集団が、国民の抱く素朴だが奥深い疑問に呻吟しながら出した名回答を厳選。日本語の教養をこの一冊でアップデート！

●1012円

子どもへの性加害
性的グルーミングとは何か

斉藤章佳

顔見知りやSNS上の〝普通の大人〟が子どもと信頼関係を築き、その立場を利用して性的な接触をする性的グルーミング（性的懐柔）。「かわいいね」「君は特別だ」と言葉巧みに近づくため、子ども本人が性暴力だと思わず、被害はより深刻になる。加害者は何を考え、どんな手口で迫るのか。子どもの異変やSOSをいかに察知するか。専門家が子どもを守る方策を提言。

●1078円

給食の謎
日本人の食生活の礎を探る

松丸　奨

昭和の給食を知る世代にとって、令和の給食は驚きの連続だ。なぜ昔は毎日パンだったのに今は週1回程度？　一方でいまだに飲み物が牛乳なのはどうして？　現役の学校栄養士で給食マニアの著者があらゆる謎を徹底解説。ギモンの背景を探るうち、給食が日本人の食生活まで変えた歴史が浮かび上がってきた。献立作成の裏側から厳格すぎる衛生管理まで給食トリビア満載！

●1056円

田中角栄が部下を鍛えるポイントの一つに、「叱る」テクニックが窺える。

例えば、選挙時の田中のもとには、田中派内の候補者が演説などを含めてどんな戦いをしているかの情報が、すべて入るシステムになっていた。候補者は手を抜けないのが、田中派が強大となったゆえんでもあった。

田中は情勢が芳しくないある新人候補を呼びつけると、こう言うのだった。

「てめえは、自分は明日にでも総理大臣になれるようなことを言っているらしいな。いまのおまえに、選挙区でいったい何ができるというんだ。有権者は、おまえの演説を端からバカにしているのが分からんのか。選挙区に何が足りないか。皆、何に困っているのか。足で調べたものを精いっぱい受け止めた話ができなくて、僥倖なんかあるものかッ。演説を甘く見るな。一から出直せ、バカヤロー！」

大実力者の田中からの〝一喝〟を受けたこうした新人候補はションベンを漏らすほど緊張し、頭を抱えて直ちに戦術、戦略の見直しに着手したものだった。

結果、その甲斐あって劣勢を挽回、ついには勝ち上がることができる者もいた。

そうした若手候補が当選のあいさつで改めて田中のもとを訪れると、今度は田中の「叱る」は「ほめる」に一変するのだ。まるで、長旅に出て心配していたドラ息子が戻って来、両手を広げて迎え入れる父親のような光景をほうふつさせたのである。

田中はまず、相手の手をギュッと握りながら破顔一笑、あの〝一喝〟がウソだったようにこうほめるのだった。

「しかし、おまえなかなかだな。ワシが見込んだ男だけのことはある。これからは、勉強、勉強あるのみだ。やってみろ。やがての大臣は間違いないぞ」

ここでは、なんとも明るい、わだかまりのないリーダーと部下の関係が浮かび上がる。と同時に、この部下である新人議員は、以後、田中への求心力をより強めていくという図式になるのである。

「叱る」は、もとより「怒る」にあらず。「叱る」は、あくまで部下を「育てる」ためにある。「怒る」は私憤であり、それを顕《あら》わにするようなリーダーに、部下は付いていくワケがない。

いいところは、人に譲ってやれ

昭和44（1969）年12月の総選挙で、時に27歳、初当選を果たした小沢一郎に、田中角栄はピシリとこう言い置いた。

「いいか。まず、身内（当時の佐藤派）を知ることに神経を使え。身内の人間のことも分からんで、一人前に口をきいてはいけない。〝自分の物差し〟ばかりで物を言うなということだ。こういうのは、使いものにならない。**黙って、汗を流せ。いいところは、人に譲ってやれ。そうすれば人に好かれ、物事はうまく運ぶことが多い**」

その田中が、小沢に初めて就けたポストは、佐藤派から田中派として独立したあとの田中派事務局長だった。仕事は、派閥のとりまとめ役としての事務総長のもとでの下働き、このポストを踏むと政治というものの輪郭がぼんやり見えてくるのである。

派内で誰と誰がどういう関係にあり、仲が良いか悪いか。某議員本人は甘く、むし

ろ有能な秘書が議員を支えている。選挙になると、不思議にカネを集めてくるが、スキャンダルのにおいが絶えない。正論はブツが、じつは利にさとく帳尻さえ合えばいつでも〝妥協の名人〟に変身する等々、派内の議員事情、身近な人間の裏表が分かってくるポストが事務局長ということだったのである。

田中があえて小沢をこのポストに就けたのは、もう一つ「いいところは、人に譲ってやる」ことを覚えよとした、小沢の将来をおもんぱかっての親心ということだった。

一歩引いた人物をうとましく思う人間はいない。まさに、「損して得取れ」を教えている。

女性の本質が分からずに、支持があるわけがない

歴代首相の中で、田中角栄くらい女性にモテた首相はいない。あまたの政治家の中でも、ダントツと言ってよかったのである。例えば、花街の座敷でもカネをきれいに使えた、笑いが絶えぬほど明るい座敷だったなどがその要因だったが、かける言葉一つひとつが芸者あるいは仲居さんのいわゆる女性の本質を読み切ったものであることが大きかった。胸に響く一言、一言なのだ。自分が若くして社会の泥水をすすりながら、「心理戦争」をくぐり抜けてきた〝成果〟が、それをさせたことは言うまでもない。「苦労は買ってでもしろ」のゆえんでもある。

また、田中のその女性の本質を見る目は、若手議員などによく口にしていた次のような言葉が物語っている。

「選挙でもそうだ。男は一杯飲ませて握らせれば、転んでくれる。しかし、女性はそうじゃないぞ。一度、こうと決めて支持してくれたら動かない。浮気はしない。むしろ、あちこちで宣伝に努めてくれる。近所の奥さんに売り込んでくれる。〝歩く広告塔〟になって支持の取りつけに汗をかいてくれるのだ。女性の支持こそ、より大事にしなきゃいかん」

会社など一般の組織も、また同じである。女性の支持の強いリーダーは、組織での地盤はなかなか強力であることが多い。ここでは、常に目配りが利くから、女性の支持があるということである。女性の社会進出が強まれば強まるほど、その目配りは、リーダーたる者の必須要件となってくると知っておきたい。

人に貢献できるようになってから モノを言うべし

サラリーマンのなかには、文句とイライラがスーツを着ているような自己主張の強い〝不満男〟がいる。会社の方針、人事、上司と部下の人間関係などあらゆることが気に食わず、愚痴と不満たらたらで一日の大半を眉間にシワを寄せているご仁である。

まあご苦労なことではあるが、田中角栄はこうした人物を最も嫌った。結果、黙々と仕事で汗をかく男を登用するのが常であった。例えば、若き日の小沢一郎を買っていたのも、そのあたりに理由の一つがある。小沢を指して、よく周りにこう言っていた。

「あいつはいい。黙々として、人のために汗を流している。気に食わないことがあっても、愚痴は表に出さない。こういう奴が伸びるんだ」

一方、ビジネス社会には「五月病」という言葉がある。4月に入社した新社会人のなかには、早くも5月の連休明け頃には「当てがはずれた。オレにこんな仕事は向いていない」「人間関係がうっとうしい。会社に行くのがいやになった」で、さっさと会社を辞めてしまうという〝病い〟である。

こうした現象を含めて、田中は逆境を生き抜いてきた男らしく、現役大学生を前にしてこう言ったことがある。

「君たちね、自分の置かれた立場をありがてぇと思わんとダメですよ。**寝言を言ったり、不満ばかり言ってる奴は、人生が終わるまで不満を抱き続けることになるぞ。**社会が悪い、他人が悪い、政治が悪いなんて言って、一体、何があるんだ。人に貢献できるようになってから言うべしじゃ」

〝不満男〟は、不満が解決されると、また次の不満ネタを探し出す達人だ。これでは、人は寄ってこない。得することは何もないことを、知るべしである。

改めて、辛抱、我慢、しばし黙々と汗してみることだろう。誰かが、必ず見ているのである。愁眉はおのずと開けてくるのだと思いたい。

人間はやっぱり出来損ないだ。その出来損ないの人間を愛せるかどうか

「神様みたいな人は少ない。誰でも失敗はするものだ」

田中角栄の政治と向き合う姿勢、あまねく人間を見る眼差しの集大成と言っていいのがこの言葉である。パーフェクトな人間などはいない、ということである。

長く田中に心酔、「オヤジ」と慕った渡部恒三は言っていた。

「オヤジの絶大な権力を、カネで手に入れたと言う奴がいるが間違っている。僕は、心で手に入れたと思っている。政治への姿勢も、まず国民ありきだった。周りの人間に厳しいことも言ったが、その眼差しには常に愛情があった。だから、人がついて来たということに尽きる」

　辛苦のなかから這い上がってきた田中の、透徹した人生観から出たのが先の言葉だ。人間は完璧ならず、多くの欠点を持っている。まずそうした人間を愛するという目で、政治に取り組まなければならないと言っている。読者が胸に仕舞っておいて、決して損のない

〝物の見方〟と言っていいのではないか。

恩師がくれた人生のヒントがある

田中角栄には、三人の「人生の師」というべき人がいた。田中が通っていた新潟県・二田尋常高等小学校の元校長にして人物これ高潔だった草間道之輔、終戦直後の首相だった幣原《しではら》喜重郎、そしてわが国初の自然科学の総合研究所になる理化学研究所の所長にして理研コンツェルンの総帥だった大河内正敏である。

田中はこの三人を「私の先生」とし、「多くの人生のヒントをもらった」と広言している。例えば吉田茂、佐藤栄作といった世話になった大物政治家でさえも、決して心の底から先生と呼んだことはなかったものだった。こうした恩師を持ったことで、田中は人生の大きなヒントを得ているのである。

なかでも、大河内とは、田中は政界入りをする前の19歳の頃から、理研関連の仕事を請負うなかでその薫陶を受け、謦咳に接していた。大河内は実業家の一方で、東京帝国大学卒業の工学博士にして科学者、また子爵にして衆院議員、人格者としても知られていた人物である。

その大河内は、かねてから「農村工業」という構想を持っていた。都市と地方の過密・過疎、そこから来る経済格差を是正するため、地方（農村社会）から都市（工業社会）への人口流出を防がなくてはならない。そのために、働ける場として「工業」を地方に根付かせる必要があるというのが、「農村工業」構想の根幹であった。すでに大河内は越後と佐渡を合わせた新潟全体が、「農村工業」の地としては最適とした論文も発表していたのである。

そうした大河内の「農村工業」に若くして影響を受けていた田中は、じつは政界入りするや、その考え方を自分なりに徐々にふくらませていたのである。

昭和47（1972）年、田中は満を持し、「日本列島改造論」を高々と掲げる形で、首相のイスにすわった。敬愛する大河内がくれた「農村工業」案が、じつはのちのこの「日本列島改造論」のヒントになっていたということである。大河内に出会わなければ、田中という政治の世界での天才にして鬼才、あるいは「日本列島改造論」そのものの誕生もまたなかったかも知れない。

人は、恩師と呼べるような敬愛できる人の前では、正面から向き合うことができ、話を素直に受け止められるものである。恩師という存在を胸に抱ける人間は、幸せである。その意味でも、田中は「強運の人」だったと言えたかも知れないのである。

第五章　田中角栄もビックリ！
圧巻の「処世名人」列伝

二人、三人の上役をごまかせない奴が一人前になれるか。ただし、下はよく見ている。ごまかせないと知れ

——後藤田正晴（元副総理）

ごとうだ・まさはる——１９１４年、徳島県に生まれる。東京帝国大学法学部卒業後、高等文官試験を経て内務省入省。徴兵、復員後に内務省復職。内務省廃止後、警察庁に所属。１９６９年、警察庁長官。よど号ハイジャック事件、あさま山荘事件といったテロに対処する。１９７２年、ノーバッジで田中角栄内閣の内閣官房副長官就任。その後、衆院議員として「カミソリ」の異名をとり、田中の懐刀として辣腕を揮った。２００５年、91歳で没。

恐いものなし、人の言に左右されることなしの絶対権力者でもあった田中角栄が、唯一その箴言《しんげん》を聞き入れたのが、「名参謀」「名補佐役」と謳われたこの後藤田正晴で

あった。

なにしろこの後藤田、「カミソリ」の異名もあったくらいの明晰な頭脳、田中角栄に警察庁長官時代に目を付けられ、その後、三拝九拝されたあげく政界入りした。政界には魅力を感じなかったものの、渋々ながらノーバッジで田中内閣の官房副長官に就任したということであった。

その後、議員バッジを付けることになったのだが、なるほど田中内閣時代は官房副長官として、「省益で動くな。国益で考えろ」と一貫して大義で官僚を押さえ込み、田中退陣のあとの中曽根康弘内閣では、一つ間違えば戦争危機のあった大韓航空機撃墜事件を官房長官として冷静に処理するなど、「危機管理」に卓抜な力量を示した。中曽根内閣が5年余の長期政権を果たせたのも、この後藤田の存在あってのものだったのである。

その後藤田の〝人間考察眼〟は、峻烈であった。「二人、三人の上役をごまかせないような頭の回転の悪い部下、あるいは真摯に物事に向き合わないような部下は認めない」としていた。筆者は、直接、後藤田の口から聞いている。その一方で、上司に対しても、「ただし、下はごまかせないと知れ」と加えることも忘れなかったのだった。

「下三日にして上を知り、上三年にして下を知る」という俚諺もある。上の者は三年かからないと下で働く者のことが分からないが、下の者はたった三日で上に立つ者の能力、人間性をすべて見抜いてしまう、ごまかしは利かないぞという意味である。後藤田は、こうした点で峻烈な目を持っていた。

人の忠告などは、一切、きかなかった田中だったが、後藤田の直言だけは「ワカッタ、ワカッタ」と聞き入れたものだった。

ケンカは必ず格上とやるべし。格下に勝っても頭角を現す点数にはならない

——野中広務（元内閣官房長官）

のなか・ひろむ——１９２５年、京都府に生まれる。大阪鉄道局職員を経て京都府園部町議員となる。園部町長、京都府副知事を経て、１９８３年衆院議員に初当選。自治相・国家公安委員会委員長、内閣官房長官、自民党幹事長などを歴任。「郵政族のドン」としても知られ、特定郵便局長会に強い影響力を持っていた。２０１８年、92歳で没。

誰もが、ケンカなどはしたくない。しかし、譲れぬ信念のぶつかり合いなどで避けて通れないこともある。野中広務は、ここで大事なのは上司など〝強者〟とやってもいいが、部下〝弱者〟とはやるなと主張した。部下、弱者とは、よろしく妥協しておけばよいのだとした。「弱い者いじめ」という言葉があるように、たとえ弱者に勝っ

ても周囲からの拍手、評価にはならないからである。

逆に、上司、強者と向き合い、これを説き伏せてみせれば、その勇気を称えられ、なかなかの人物だとの評価になる。会社なら、その評価は頭角を現すキッカケにもなる。ただし、ここで大事なのはその言説に周囲の支持を得られる〝正当性〟があるかということになる。野中は、それを前面に掲げたうえでのケンカ上手だった。

まだ代議士となる前の京都府副知事、府議、町議時代を通して、社会党と共産党が手を組んだ形で7期28年の長きにわたって府政を牛耳っていた蜷川虎三知事と孤軍対決、誰もが対峙に尻込みする中、ついにこの左派府政を倒してしまったことが白眉であった。それ以外にも、筋が通らぬと思った「巨悪」には筋論を前面に出して敢然とケンカを挑み、数々の成果を挙げている。

こうした野中の「ケンカ上手」ぶりを買ったのが、田中角栄だった。田中は左派府政を倒した野中の腕力を評価、「オレのところに来い」で代議士への道をバックアップした。田中と出会ったことで、以後、野中はのちに自民党幹事長をやるなど政界での階段を駆け上がったものであった。

交渉事は、相手に勢いがあるときは静観せよ。力の均衡が崩れたときこそが出番

——三木武吉（元日本自由党総務会長）

みき・ぶきち—１８８４年、香川県に生まれる。東京専門学校（現・早稲田大学）卒業後、日本銀行に入行するも、すぐに服務規程違反を問われて免職となる。高等文官試験を経て弁護士に。１９１７年、衆院議員、以来11回当選。「野次将軍」の異名を持つ。１９３４年、京成電鉄疑獄事件で失職。事業家として鉱山業に従事し、報知新聞社社長に就任。その後、政界復帰。戦後は、日本自由党・日本民主党・自由民主党の結成に関与。日本自由党総務会長となり衆院議長に選出されたが、公職追放される。１９５６年、71歳で没。

戦後、社会主義の台頭を危惧する保守政治家の間で新党結成の構想が膨らんだ。そ

の結果、昭和30（1955）年11月15日、世界にも類を見ない一党での長期政権を敷くことになるいまの自由民主党が誕生した。この実現に奔走した立役者が、三木武吉であった。

折から、左右両派に分かれていた社会党に統一気運がある中、これに対抗する必要性から保守勢力の吉田茂率いる自由党と、鳩山一郎率いる民主党の間で「保守合同」話が詰められた。しかし、両党は主導権争いで泥沼の駆け引きを続けた。合同へ向けた両党の〝窓口〟は、自由党がのちに副総裁となる百戦錬磨の異名「雲助」の大野伴睦、民主党が「タヌキ」ことこの三木武吉であった。主導権争いは膠着状態が続いたが、三木は自由党側の緩みを一瞬で見抜き、一気に大野を説得して一時は空中分解もあり得た合同を成功させたのであった。まさに、三木の勝負勘の勝利、持論の「交渉事は相手に勢いがあるときは静観したほうがいい。力の均衡が崩れたときこそ出番となる」の実践だったのだ。

ビジネス社会の交渉事も、また同じである。双方が突っ張り合う中で、必ず均衡が崩れる場面がある。このときこそ、話し合いが前へ進むチャンスであることを知っておきたい。当時、自由党の陣笠議員だった田中角栄も、駆け引きの妙をこの三木から学んだものであった。

人間は口は一つ、耳は二つ。まず人の話を聞け。これが人間関係をうまくやるコツだ

――佐藤栄作（元内閣総理大臣）

さとう・えいさく――１９０１年、山口県に生まれる。東京帝国大学卒業後、高等文官試験を経て鉄道省入省。運輸省次官を退官し、非議員での第２次吉田内閣の内閣官房長官に任命される。１９４９年、衆院議員当選。民主自由党を経て自由党に参加、幹事長就任。１９６４年、内閣総理大臣。のちに安倍晋三首相の都合８年８ヵ月の在任記録が出るまで、歴代最長となる７年８ヵ月の在任を記録。平和外交が評価され、ノーベル平和賞を受賞。１９７５年、74歳で没。

佐藤栄作は「沖縄返還が実現しなければ日本の戦後は終わらない」として、沖縄の米国からの施政権返還を実現するなどの業績を残し、のちに安倍晋三にその記録を破られるまで、７年８ヵ月という戦後の歴代総理大臣で最も長い政権を維持した人物で

あった。

その長期政権の秘訣は緩急自在の「人事名人」であったことが一つ、もう一つは自らの主張はまず抑え、人の話、たとえば野党の批判にもよく耳を貸したことにある。「黙々栄作」の異名のもと、とくに野党の話をよく聞いたことで、最後の決断場面で決定的な野党からの抵抗が抑えられたことが大きかった。こうした手法は、一方で「待ちの政治」とも言われた。

一方、最近の企業では、「傾聴力」が〝社員査定ポイント〟で大きな比重を持つようになっている。これは社会のＩＴ化が進み、社員間のコミュニケーション、意思疎通の欠如が指摘され出していることに一因がある。上司は自らが説得する前に、まず部下の話を聞け、耳を傾けよということである。何事も、自己主張を抑えて損はないということのようである。〝出るクギ〟は、上司も打たれるということでもある。

田中角栄は、この佐藤の「人事名人」にキリキリ舞いさせられながらも、自らの将来を佐藤に託した形で、佐藤派の資金、すなわち〝台所〟の面倒を見るなど屋台骨を一手に担った。それがやがて、佐藤派の大勢をまとめ上げての田中派結成、天下取りに結びついたということだった。長期政権に成功した「栄作術」と心したい。

雑談上手を目指せ。その効用は計り知れない。第一、人にかわいがられる

――竹下登（元内閣総理大臣）

たけした・のぼる―１９２４年、島根県に生まれる。早稲田大学卒業後、中学校の教員を経て島根県議会議員。１９５８年、衆議院議員当選。内閣官房長官、建設相、蔵相、自民党幹事長などを歴任。１９８７年、内閣総理大臣。消費税導入、リクルート事件などで支持を落とし、１９８９年内閣総辞職。２０００年、76歳で没。

前出の佐藤栄作の「人間は口は一つ、耳は二つ。まず人の話を聞け」を徹底的に実践、佐藤を「政治の師」と仰ぎ続け、ついには首相のイスに座ったのがこの竹下登である。周囲への気配りは抜群、とくに「雑談の名手」として与野党議員から〝評価〟を得ていた人物であった。

首相になる前の竹下は、時間があると国会内の野党控え室や議員会館によく顔を出

していた。ニコニコしながら野党控え室に顔を出し、「お茶を一杯ごちそうになりにきました」などと〝雑談〟に精を出すのである。そうした中から野党の本音を探り出す一方、困っているなと見るとあとで黙ってフォローしておくのが常であった。これが、あとあと〝効く〟のである。与野党が対立した際、野党議員からは「竹下が言うんじゃしょうがない」で、結局は野党も妥協点を探らざるを得ないという形になったものだ。

　こうした手法は、一時代を築いた長老議員に対しても同様だった。長老議員には、〝一丁上がり〟で往時のように人が寄って来ない。竹下は議員会館に用がなくても、ひょいと「近くに来ましたもので」などと顔を出す。うれしくなった長老議員はあとで、党の実力者などにこう言うのである。

「竹下クンが来たが、あれはなかなか勉強している。伸びるよ」

　党の実力者も、「それでは竹下を一度使ってみるか」とポストに就けたということだった。

　こうした竹下の卓抜な人心収攬の妙を、〝近親憎悪〟で嫌ったのが同じ人心収攬の名手の田中角栄ということであった。田中は竹下の能力を買いながらも、「寝首をかかれる」ことを恐れ、最後まで竹下を遠ざけたということでもあったようだった。

私は根が臆病なのだ。だからこそ周囲への目配りをよくし、先々の計画も立てなければということになる

――梶山静六（元内閣官房長官）

かじやま・せいろく――１９２６年、茨城県に生まれる。陸軍予科士官学校、陸軍航空士官学校を経て日本大学卒業後、家業の石材業を継ぐ。茨城県会議員を経て、１９６９年衆院議員初当選。自治相、通産相、法相歴任後、官房長官、自民党幹事長などを歴任。竹下派七奉行の一人として、「武闘派」「大乱世の梶山」の異名を取った。２０００年、74歳で没。

自分は神経が細かくいささか臆病で、ために損をしているなと思っている人が少なくない。しかし、卑下することなどはまったくないことを、「剛腕」と謳われたこの

梶山静六が教えている。

政治家でもビジネスマンでも、成功している人物は、一見、豪放に見えてじつは神経がじつにこまやか、物事に慎重、言うなら、一見、臆病にも見える人が意外と多い。しかし、このことにより神経が四方に行きわたることとなり、あらゆる事態に対応できるよう計画を巡らせることができるようになる。逆に、大雑把だけの人物で大成した例は、ほとんどない。一見、豪放磊落《らいらく》の陰に、必ずこまやかな神経が行き渡っているのが成功者ということである。

梶山は自民党幹事長時代、当時対決していた社会党との政策の〝落とし所〟で大変な苦労をした。当時の社会党幹部が言っていた。

「まるでガラス細工をいじるような、神経の行きわたった緻密極まりない対応だった。落とし所のカードも、あらゆるケースを用意していた。結局、我々も『梶山さんには勝てない』となってしまう。しかし、その一方でギリギリでの決断は豪胆だった」

こうした〝ガラス細工の対応〟を、梶山は「オレは根が臆病だからね」とサラリと口にしていたものである。

この梶山を〝発掘〟したのも田中角栄だった。40歳、全国最年少の茨城県議会議長だった梶山を、「若いがなかなかの人物だ」で国政に引っ張り上げたということだった。のちに、「大乱世の梶山」として首相候補にもなった梶山に目を付けた田中の、炯眼が光る。

人間のやることで、何ともならねぇものなんかあるものか。捨て身こそが勝機を呼ぶ

――金丸信（元副総理）

かねまる・しん――１９１４年、山梨県に生まれる。東京農業大学卒業後、中学校教諭。徴兵・帰国後、家業の造酒屋を継ぐ。その後、日東工業を創設。大平醸造社長を経て、１９５８年衆院議員。建設相、国土庁長官、防衛庁長官、自民党幹事長などを歴任。中曽根内閣で副総理となり、自民党の大御所的存在に。１９９２年、佐川急便事件をはじめとする政治とカネ問題で辞職。１９９６年、脱税容疑公判の停止中の81歳で没。

「代議士当選以来、本というものは読んだことがない。すべて耳学問と経験則で動いた」と伝説的エピソードを残したのが、「平成の妖怪」の名もあったこの金丸信であった。持ち前の直感力の鋭さと、「人間のやることで、何ともならねぇものなんかあ

るものか」を口癖に、常に相手に捨て身でぶつかり、数々の難問を突破、実績をあげた政治家である。

田中角栄率いる田中派幹部として、「反田中」の三木武夫（元首相）に迫力満点、「田中が首相になって日中国交正常化を実現させなかったら、オレは田中派を出ることを約束する」と迫り、国交正常化に熱心だった三木の自民党総裁選での田中支持を取りつけたことが、白眉と言えたのだった。

また、田中が派内に異論の多い中曽根康弘を首相に担ぐことを決めた折でも、「中曽根が約束を守らなかったら、オレは刺し違える覚悟だ」と田中派幹事会で捨て身の演説をブチ、中曽根支持で田中派をまとめあげてしまったこともある。さらには、ロッキード事件後も政界影響力に固執するその田中に対しても、臆することなく「（田中派内の）世代交代を進める必要がある」とブチ上げ、結局は「竹下登首相」実現への道を拓いたものであった。まさに、捨て身の〝成果〟ということだった。

かくして、度胸で、政治家としての道を拓いていったのが金丸ということであった。

交渉事は、時にこうした「金丸流」も、かなりの有効性を発揮すると言っていいだろう。

脇役としての生き方がある。主役は息が短いが、脇役は息が長いものだ

——川島正次郎（元自民党副総裁）

かわしま・しょうじろう——１８９０年、千葉県に生まれる。専修大学卒業後、内務省属官、東京日日新聞、東京市商工課長などを経て、１９２８年、衆院議員。その後、徴兵、復員。大日本政治会情報部長の地位にあったため、戦後、公職追放となるが、１９５２年、政界復帰。自治庁長官兼行政管理庁長官、自民党幹事長、自民党副総裁などを歴任。長く党人派実力者として知られた。１９７０年、80歳で没。

人間、主役やトップの座に就くだけが能ではないとして〝脇役人生〟を満喫したのが、昭和30年代から40年代にかけて活躍した川島正次郎であった。佐藤栄作政権を支えた田中角栄とも、長らく政局の折々で微妙な丁々発止を繰り広げてきている。

川島は、その立ち回りいかんでは総理総裁も夢ではなかったが、終始トップの座には興味を示さなかった人物である。時の権力の間を巧みに泳ぎ、あえて「ナンバー2」「補佐役」といった「副」的存在に甘んじ、そのうえで時に主役以上の存在感を示したのだった。その川島をよく知る人物の、こんな証言が残っている。

「川島の辞書には『戦い』という文字はなく、一貫して計算、判断し、優勝者を見抜いたうえで、そちらにつく。その後、優勝者のもとでしっかりナンバー2としてのポジションを手に入れ、常に優勝者の隣りにいて影響力を保っていた。彼は言っていた。『脇役に徹する中で大事なことは、あくまで本流の中の脇役であることだ。傍流ではダメだ。本流にピッタリ寄り添っていけば、間違いなく〝長生き〟できる。それには勝ち馬は誰か、それを見分ける能力が問われるのだ』と。自分の能力の分際を知り、〝あと一歩で頂上の恍惚〟をトコトン知り抜いた男と言えた」

そのうえで、川島いわく、「政界は『一寸先は闇』でござんす。アタシャ(落ち目の政権などと)〝三途の川〟までは付き合いませんよ」との〝名言〟も残しているのである。息の長い〝脇役人生〟を満喫した川島の生き方は、一考に値する。

人生は楕円形のラグビー・ボールそのものである。リバウンドのボールは予期せぬ方向に転々とするのが常だ

——森喜朗（元内閣総理大臣）

もり・よしろう―1937年、石川県に生まれる。早稲田大学卒業後、産経新聞社を経て1969年衆院議員。文相、通産相、建設相などを歴任。2000年、小渕恵三首相の急病により後継首相に就任するが、問題発言が相次ぎ、支持率急落を受けて辞任。首相退陣後は、東京オリンピック・パラリンピック競技大会の組織委員会会長を務めたが、問題発言をとがめられ途中辞任した。

東京五輪・パラの組織委員会会長を務めた森喜朗は、首相時代から毀誉《きよ》褒貶《ほうへん》の多い人物であった。田中角栄とは、森が福田（赳夫）派の〝切り込み隊長〟時代、「角福

総裁選」でシノギを削った関係にある。幹事長など自民党三役いずれも経験せずで、小渕恵三首相が突然の病気で倒れたことで首相の座に就いた。しかし、首相在任中は何かと失態が目立ち、結局、尾羽打ち枯らした格好で、わずか1年で退陣を余儀なくされている。

「元々、首相の器ではなかった」の声もあったが、なぜここまでたどり着けたかの〝秘訣〟は、早くから人生は望んだようにはいかないものであるとの考え方からの、「自然体」の姿勢にあったとも言えた。

それは高校から続け、情熱を懸けていたラグビーを、早稲田大学ラグビー部入部わずか４ヵ月で胃カタルの悪化で退部を余儀なくされたことに起因している。ラガーマンへの夢を断たれたことで政界を目指し、結局は首相の座が舞い込み、人生は何が幸いするか分からぬことを学んだということでもあった。

森自身が、こう言っている。

「ラグビーでリバウンドしたボールが自分の手元に戻る確率は、１００分の１以下と言われている。人生がどのように展開していくか、分からないのに似ている。私も政治家になったが、決して無理せず、流れのままの〝自然体〟でやってきたつもりだ。とくにポストも求めないでコツコツやってきたら、小渕（恵三）首相が病気で倒れたことで後継のお鉢が回ってきたということだった。運命にたゆとうのも、生き方の一つと思っている」

森の言う「100分の1以下のリバウンド確率」は、妙に説得力がある。たしかに、人生で思うようにいくことは、ほんの僅かであることを知っておいて損はないのである。

一度出会った人とは、生涯付き合う気構えできた。結局、それがいま自分の最大の財産になっている

——渡部恒三（元衆院副議長）

わたなべ・こうぞう——1932年、福島県に生まれる。早稲田大学卒業。政治家秘書を経て、福島県会議員となるが、公職選挙法違反で有罪判決を受け辞職。1969年、衆院選に無所属で立候補し、初当選。当選後、自民党から追加公認を受ける。厚相、自治相、国家公安委員長、通産大臣、自民党国対委員長、衆院副議長などを歴任し「竹下派七奉行」の一人に名を連ねた。独特の語り口から「会津のケネディ」の異名があった。2020年、88歳で没。

渡部恒三は、「会津訛り」のズーズー弁を隠すことなくで人に親しまれ、政界一の人情家としても知られた人物だった。そのうえで、多士済々の田中派の中で実力者としての階段を上がっていった最大の背景は、人とのつながりを重視する人生哲学にあ

ったと言えた。

筆者は若い頃、渡部との初対面のインタビューの折、こう言われた思い出がある。

「君、若さというものは足りないことだらけで当然だ。勉強すればいいのだ。大事なことは、たとえばケシカランところは当然書いてもいいが、取材相手とは誠実に接することだ。君がそう接してくれれば、僕は生涯付き合う気構えで君に接する。何でも聞きに来てくれ」

結局、渡部が政界を引退するまでの約40年間、なにくれとなくの付き合いとなったものであった。

このような接しかたをされると、大方の人間はちょっと厳しいことを書こうと思っても、なかなか書けないということがある。情が働くのは、致し方ないのである。筆者も、またそうであった。憎めない人柄、人の良さ、人情家にやられてしまうのは、人の世の常である。

大出世を目指すなら下の面倒をみることだ。小さな出世でよければ上にお世辞を使えばいい

——鈴木宗男（日本維新の会・参院議員）

すずき・むねお——１９４８年、北海道に生まれる。拓殖大学在学中から衆議院議員中川一郎の秘書となる。１９８３年、衆議院議員初当選。防衛政務次官、外務政務次官、自民党副幹事長、北海道・沖縄開発庁長官、内閣官房副長官を歴任。２００２年、斡旋収賄容疑で逮捕。２００５年、新党大地結成。代表として当選、衆院議員復帰も、２０１０年、最高裁の上告棄却で斡旋収賄罪、議院証言法違反などによる実刑判決が確定・収監。翌年、出所。公民権停止を乗り越えて、復活した。

エリートが山を成す政界で、世襲にあらず、キラびやかな学歴、経歴があるわけでもなかった鈴木宗男は、典型的な「叩き上げ」の政治家である。

その鈴木は、三人の練達政治家のもとで学んだ。初めて秘書として仕えた中川一郎

（元農相）、その中川の死後、金丸信（元自民党副総裁）、野中広務（元自民党幹事長）に身を粉にし、徹底して尽くしたのである。そのわが身を惜しまぬ行動力は、政界でも語り草になっている。鈴木と親しい記者が言っている。

「主君のためには陳情実現、情報収集など、まさに〝コマねずみ〟のように働いた。一日にじつに１０００人近くと会ったなどの伝説もある。三人の大物からは、共通して『政治家はまず人間関係を大事にしろ』を学んでいる。田中角栄の人心収攬術にも、大きな影響を受けている。そして得たのが、『大出世を目指すなら下の面倒をみることだ。小さな出世でよければ上にお世辞を使えばいい』の名言につながっている」

しかし、好事魔多し。北海道・沖縄開発庁長官などを歴任した鈴木は、その後、斡旋収賄罪などに問われて逮捕、実刑判決を受けたが、自著『政治の修羅場』（文春新書）で次のように記してもいる。

「人生は思い通りにはいかない。挫折や失望は誰しも味わうし、どこにでもある。そこで諦めてはいけない。生きていればいいこともあるし、逆転もある」と。

理屈はあとで貨車でいくらでもついてくる。まず動くことで勝機が出る。〃あとで気がつく寝小便〃では遅い

――春日一幸（元民社党委員長）

かすが・いっこう――１９１０年、岐阜県に生まれる。名古屋逓信講習所高等科卒業後、名古屋中央電信局職員。その後、詩人を志すも挫折、事業家に転向し、貿易商や楽器製造会社を手がける。１９５２年、衆院議員。民社党結成に参加し、書記長、委員長などを務める。１９８９年、79歳で没。

「自民党VS社会党」の対決時代、民社党委員長だった春日一幸は、その〃谷間〃に漂う政党としての存在感をいかに示すかに腐心していた。その結論はまずは体当たり、機先を制して動いてみるということだった。

春日は公明党に接近、共々で自民党との「保革連合」を画策して民社党の政権入りを目指したり、中曽根（康弘）政権と民社党との連立工作に走ったりした。あるいは、社会党、公明党、民社党との新党も模索している。「民社党としての立ち位置が分からぬではないか」との批判もなんのその、「理屈はあとでどうにでも付けることができる。寝小便のようにあとで気が付いても遅いのだ」と、民社党の存在感発揮にこれ邁進したということであった。

しかし、春日の意気込みは実ることがなかった。残念ながら、情報収集力に難があったことによる。田中角栄とも向かい合ったが、その情報力の差でことごとく後塵を拝した結果になっていた。それでも、春日は持論を譲ることはなかった。次のような言葉がある。

「明治維新前後、期せずして維新の同志が現われたように、これが正念場と思ったら恥を知り、名を惜しむ者は出会え、出会えということだ。まず、動いてみなければ何も始まらないということだな」

沈思黙考ばかりでは、確かに何も始まらない。春日の〝行動力優先〟も、一考に値する。

平和的発想を旨とし、常に「世界観」の思想を持つ。政治とはかくあるべし

——幣原喜重郎（元内閣総理大臣）

しではら・きじゅうろう―１８７２年、大阪府に生まれる。東京帝国大学法科大学卒業後、農商務省に入省するが、外交官試験に合格して外務省に。仁川、ロンドン、ベルギーなどの領事館に在勤後、ワシントン、ロンドンの各大使館参事官、オランダ公使を経て、外務次官、駐米大使を歴任。その後外務大臣となる。戦後は、東久邇内閣の総辞職を受けて内閣総理大臣に。約7ヶ月間という短期政権の中で、日本国憲法制定に尽力した。１９５１年、衆院議長在任中に78歳で死去。

田中角栄に、実力政治家となるきっかけを与えたのは、じつは東久邇宮《ひがしくにのみや》という皇族

首相により太平洋戦争終戦処理に一応のメドがつけられたのち、首相を引き継いだ、幣原喜重郎であった。

土建事業を成功させて政界入りした田中には、戦争で疲弊し切ったこの国の復興をとの思いが強かったが、事業にたずさわったなかで広い世界観、外交的視野には欠けていた。まずは復興という内政への思いが、より強かったのである。

その田中と幣原の出会いは、すでに幣原が首相の座を自由党の吉田茂に譲り、自ら民主党を率いていたときであった。初当選した田中は、民主党代議士として東京帝国大学卒、外務官僚から戦前は外務大臣として活躍したこの幣原の政治姿勢と出会ったことが幸いした。それはのちに、田中を大きくはばたかせる大きなきっかけとなったと言ってよかった。

幣原の政治的発想の中には常に世界観があり、平和外交を貫く一方で、戦後の民主化促進に尽力したが、それはなかなか慎重かつ手堅い手法であった。それまでは泥臭い発想にとどまっていた田中だったが、民主党内の幣原派に所属、この幣原のもとでそれまでの「政治観」を改めていき、自分の足もとを見直したということであった。のちに、田中が首相になってすぐ手をつけた日中国交正常化への発想も、さかのぼれば幣原の平和外交姿勢の影響が、少なくなかったと言えたのである。

田中は後年、言っていた。

「私の〝政治の師〟は、幣原喜重郎先生一人である」と。

手紙の効用は抜群だ。直筆の礼状が書けるか。その律義さは支持を集める

——小沢一郎（元自民党幹事長）

おざわ・いちろう―1942年、岩手県に生まれる。慶應義塾大学卒業。1969年、自民党代議士であった父・佐重喜の他界に伴い、後を継ぐかたちで出馬、当選。自治相、自民党幹事長などを歴任。1993年、自民党離党。数々の結党、解党、分裂に関与し、「壊し屋」とも評された。民主党で政権交代を実現するも、献金疑惑問題で幹事長を辞職、離党。その後、小党の立ち上げや離合集散を経て、現在は立憲民主党所属。

長く永田町を取材している中で、小沢一郎ほど毀誉褒貶に富んだ実力政治家を知らない。

「剛腕」「勝負師」の一方で、「我儘」「傲慢」と言われ、政党の離合集散を重ねたことで「壊し屋」の異名もまたついた。これらの〝持ち味〟を存分に発揮、さかのぼる

こと20年以上にわたった政局を一人で引っ掻《か》き回してきた感がある。しかし、この「壊し屋」が嫌われ、最近は政局の表舞台での出番を、いささか欠く格好になっている。

ところで、一方で小沢がなかなか律義な人物であることはあまり知られていない。選挙などで世話になった個人、企業、団体などの責任者には、必ず直筆の丁寧な礼状を出していたのである。簡単なことのようだが、多忙な政治家としてはなかなかできない話ではあるのだ。しかし、とくに自民党時代はこれが顕著であった。小沢に近い人物が、こう証言したことがある。

「我儘なところがあるが、物事のメリハリには厳しい男だ。直筆の礼状を出すのは、師匠の田中角栄元首相からの教え、影響が大きかった。田中さんも、選挙などで世話になった人には巻き紙に筆で長文の礼状を書いていた。選挙はよろしくで頭を下げ、終わればハイそれまでではなく、常にそのあとのフォローを忘れなかったということだ。〝暴れん坊〟の小沢がここまで活躍できたのも、こうした田中さん譲りの支援に対する律儀さがあったからとも言える。こうしたことに対し、小沢は、『当然のことだろう』と、ケロリと言っていた」

こうした直筆の手紙、礼状の効用が、少なからず小沢の政治家生活を支えたと言って過言ではなかった。

一方で、返礼にはメールは似合わないことを知っておく必要がある。昨今はこの手の返礼も少ないようだが、容易に済ませれば礼意はむしろ軽くなることを知っておきたい。相手の反発を招きかねない、ということでもある。稚拙でもかまわない、自分の思いの丈をありのままに書けばいいのである。これが必ず「次」につながり、やがては人間関係の輪、支持を広げていくことにもつながる。小沢が多用した直筆の手紙の効用を、軽視してはいけない。

今日、〝希少価値〟だからこそ直筆に重みありということなのだ。

私の念願と決意が達成できぬなら、耐え得るところにあらず。政治的良心に従い、進退を決することにする

——石橋湛山（元内閣総理大臣）

いしばし・たんざん―１８８４年、東京都に生まれる。早稲田大学卒業後、横浜毎日新聞入社。その後、入営、除隊し、東洋経済新報社入社。リベラルな言論人として知られ、同社代表取締役となる。１９４６年、総選挙に出馬、落選するも、大蔵大臣として入閣。通産相、郵政相などを歴任し、１９５６年、内閣総理大臣。しかし、在任65日で病により、退陣。その後、中国、ソ連といった共産主義諸国との交流を促進。１９７３年、88歳で没。

人物の価値をはかるメルクマール（指標）の一つに「出処進退」の様態があり、とくに「退」のそれが重視されるということは第三章でも触れているが、その潔さにお

いて石橋湛山は戦後政治史に輝いている。ビジネス社会で最盛期にどんな業績を上げて社員の敬意を集めたトップでも、いざ退陣の頃になると社長の座にしがみ付き、醜態を晒すことで、それまでの功績をゼロにしてしまったような例は少なくないのである。

政治の世界も、また同じである。首相退陣後も何とか影響力を残したいと、手練手管を弄して「院政」を敷きたがる向きは決して少なくない。そうした「退」の醜態とは無縁、石橋は病を得たことで、たった65日間の短命政権だったが、歴代首相の中で「最も鮮やかな引き際」と言われたものである。

その石橋は昭和31（１９５６）年12月、鳩山一郎のあとを継いで首相になった。宗門の出身、反骨の言論人と知られ政界入りしたものだった。

この潔い退陣に、拍手を送ったのが田中角栄であった。

田中は常に、「トップリーダーは私情は四分に抑え、公六分で物事の最終判断をしなければならない。私情を優先させるリーダーは最悪である」と口にしていたが、改めて石橋の退陣に頭《こうべ》を垂れた格好だったのだ。

田中もまた、ポストにしがみつくタイプではなかった。勢いに乗っていた自民党幹事長として自らは瑕疵があったわけではなかったが、時の佐藤栄作政権を守るためとしてあっさり辞任したし、自らの首相退任時もあっさりとそのイスを投げ出したのがいい例である。

「退」とは、仕事に対する執着、未練を自ら断ち切る作業でもある。決して、楽な気持ちでは対応できない。そして、それはいつの日か誰にもやってくる。「鮮やかな引き際」を、常に心しておきたいものである。

参考文献・資料

『私の履歴書』（田中角栄・日本経済新聞社）
『オヤジとわたし』（早坂茂三・集英社文庫）
『田中角栄回想録』（早坂茂三・集英社文庫）
『私の田中角栄日記』（佐藤昭子・新潮社）
『田中角栄に聞け』（塚本三郎・ＰＨＰ研究所）
『田中角栄、ロンググッドバイ』（五十嵐暁郎、新潟日報報道部・潮出版社）
『田中角栄』（早野透・中公新書）
『田中政権・八八六日』（中野士朗・行政問題研究所）
『角栄のお庭番 朝賀昭』（中澤雄大・講談社）
「文藝春秋」（平成28年8月臨時増刊号）
「新潮45」（平成22年7月号）
そのほか、朝日新聞・読売新聞・新潟日報参照

本書は、２０２０年6月にプレジデント社より刊行された『プレジデントムック カリスマの言葉シリーズ 新 田中角栄名語録』を改題し、大幅な加筆・再編集をしたものです。

著者略歴

小林吉弥《こばやしきちや》

政治評論家。

一九四一年、東京に生まれる。

早稲田大学第一商学部卒業。

政局・選挙情勢分析、歴代実力政治家のリーダーシップ論の的確さには定評がある。

執筆、講演、テレビ出演などで活動する。

著書に、『田中角栄 上司の心得』（幻冬舎）、『高度経済成長に挑んだ男たち』（ビジネス社）、『宰相と怪妻・猛妻・女傑の戦後史』（だいわ文庫）、『アホな総理、スゴい総理』（講談社+α文庫）、『21世紀リーダー候補の真贋』（読売新聞社）などがある。

幻冬舎新書 679

田中角栄名言集
仕事と人生の極意

二〇二三年一月二十日 第一刷発行
二〇二四年二月二十九日 第四刷発行

著者 小林吉弥

発行人 見城徹
編集人 小木田順子
編集者 石原正康 森村繭子
発行所 株式会社 幻冬舎
〒一五一―〇〇五一 東京都渋谷区千駄ヶ谷四―九―七
電話 〇三―五四一一―六二一一（編集）
〇三―五四一一―六二二二（営業）
公式HP https://www.gentosha.co.jp/
ブックデザイン 鈴木成一デザイン室
印刷・製本所 株式会社 光邦

検印廃止

Printed in Japan ISBN978-4-344-98681-7 C0295
こ-28-1

＊この本に関するご意見・ご感想は、左記アンケートフォームからお寄せください。
https://www.gentosha.co.jp/e/

幻冬舎新書

丹羽宇一郎

人間の器

著者によると、「器が大きい人」とは「自分に何の利益がなくとも、他人のために行動できる人」だという。本書では本当の意味で器を大きくするための心のありようや生き方について詳述する。

上原隆

君たちはどう生きるかの哲学

いま素朴で実直な問いかけが人々の心に響く。〈個人が失敗し後悔し、そこから意味を見つけて成長することこそが哲学なのだ〉という鶴見俊輔の考え方を補助線に不朽の名著を丁寧に読み進める。

出口治明

人生を面白くする

本物の教養

教養とは人生を面白くするツールであり、ビジネス社会を生き抜くための最強の武器である。読書・人との出会い・旅・語学・情報収集・思考法等々、ビジネス界きっての教養人が明かす知的生産の全方法。

王貞治　岡田武史

人生で本当に大切なこと

壁にぶつかっている君たちへ

野球とサッカーで日本を代表する二人は困難をいかに乗り越えてきたのか。「成長のため怒りや悔しさを抑えるな」など、プレッシャーに打ち克ち、結果を残してきた裏に共通する信念を紹介。

幻冬舎新書

峯村健司　小泉悠　鈴木一人　村野将　小野田治　細谷雄一

ウクライナ戦争と米中対立

帝国主義に逆襲される世界

米中対立が激化する中、２０２２年２月、ロシアがウクライナに侵攻。世界情勢はますます混迷を極めた。世界は弱肉強食の19世紀的帝国主義に回帰するのか？　国際政治のエキスパート達が白熱激論。

岩竹美加子

フィンランドはなぜ「世界一幸せな国」になったのか

世界幸福度ランキング、5年連続第1位！　資源なき貧しい小国は、なぜ世界中に羨まれる国になれたのか。30年以上住んできたからこそ知る秘密を解説。フィンランド流の新しい生き方がわかる一冊。

小林祐児

早期退職時代のサバイバル術

黒字リストラ、働かないおじさん問題……キャリアを積んだ中高年がなぜ邪魔者扱いされるのか？　会社が悪いのか？　会社に振り回されずに生き残るための武器を、人事のプロが指南。

伊藤賀一

1日1ページで身につく！

歴史と地理の新しい教養３６５

変化の激しい現代社会を読み解くための強力なツール（教養）が「歴史と地理」。同時に身につけると、国際関係も日本の立ち位置も見えてくる。一生使えて今日から役立つ画期的な教養本。

幻冬舎新書

出口治明
自分の頭で考える日本の論点

「経済成長は必要か」「民主主義は優れた制度か」等、専門家の間でも意見が分かれる22の論点について、著者ならどう判断するかを解説。生きるのに役立つ知識が身につき、本物の思考力も鍛えられる一冊。

樋口裕一
すばやく鍛える読解力

文章の本質が瞬時にわかれば、ビジネスの9割はうまくいく。メールや企画書はもちろん、要点をつかみづらい官僚的な文書、癖のある新聞コラムまで、どんな文章でも速く正確に読み解くコツを解説。

今井博昭
渋沢栄一
「日本近代資本主義の父」の生涯

農民から幕臣、明治政府の官僚に。そして日本初の銀行設立、日本近代資本主義の父と呼ばれた渋沢栄一の人生を大きく転換させたものは、常に人との出会いだった。現代を生き抜くヒント満載！

藤垣裕子　柳川範之
東大教授が考えるあたらしい教養

東大教授2人が提唱する教養とは「正解のない問いに対し、意見の異なる他者との議論を通して思考を柔軟にし、〈自分がよりよいと考える答え〉にたどり着くこと」。その意味するところを解説。